KB235283

남명과 지리산

이 책은 2006년도 경상남도 지원금에 의해 개발되었음.

경상대학교 남명학연구소
남명학교양총서 05

남명과 지리산

崔 錫 起 지음

景仁文化社

책머리에

경상대학교 남명학연구소가 설립되고 뒤이어 남명학 관련 연구기관과 학회가 생기면서 남명학에 대한 본격적인 관심을 갖기 시작하였습니다. 불과 15년 남짓한 세월이지만, 각 연구소나 단체에서 간행하는 각종 논문집과 저서 및 역서, 그리고 개인이 내는 많은 글들이 이제 적잖게 축적이 되었다고 할 수 있습니다. 연구 영역도 남명에 대한 것에서부터 시작하여 그 제자들까지 포괄하는 남명학 전체로 이어졌고, 더 나아가서는 동양학 전반으로 확산되어 가고 있습니다.

이처럼 남명학이 발전을 하게 된 것은 남명선생의 학덕을 사모하는 이 지역 유림들의 전폭적인 지지와 지원에 힘입은 바가 크며, 또한 남명선생의 후손들이 선조를 숭모하는 열정이 남달랐던 것도 하나의 원인으로 들 수 있을 것입니다. 여기에서 더 나아가 경남 지역의 각 공공기관이 남명선생의 가르침을 경남의 정신으로 삼고, 그 얼과 정신을 이어받고자 애를 많이 쓰고 있는 것도 남명학이 오늘날에 이르는 데에 큰 기여를 하였습니다.

특히 경상남도에서는 해마다 남명학의 연구 및 보급을 위해 남명학연구소에 재정적인 지원을 아끼지 않고 있습니다. 이러한 지원은 남명학연구소에서 발행하는 『남명학연구』가 1년에 두 차례 빠짐없이 발행이 되고, 또한 한국학술진흥재단의 등재지가 되는 데에 큰 힘이 되었습니다. 이처럼 남명학연구소에서는 경상남도의 이러한 지원을 받아 전문적인 학술연구를 위한 사업에 투명하게 사용하고 있을 뿐만 아니라, 작년부터는 이 예산의 일부를 가지고 일반 교양인들도 쉽게 남명학을 이해할 수 있도록 남명학 교양총서를 기획하였습니다.

남명 및 남명학 관련 내용을 부담 없이 볼 수 있도록 내용도 쉽고, 크기도 작게 하여 매년 4책씩 5년간 총 20책을 개발하기로 하였습니다. 2005년부터 개발에 착수하여 올해 들어서는 본격적으로 남명학 교양총서가 발간되고 있습니다. 지금까지의 남명학 연구가 그 깊이를 위한 것이었다면, 지금 시도하는 교양총서 간행 사업은 그 넓이를 위한 것이라 하겠습니다. 깊이가 있어서 넓게 팔 수 있는 것처럼, 이제까지 깊이 연구한 것을 바탕으로 널리 여러 사람에게 그 결과를 보급하는 것이 필요합니다. 우리가 기획한 교양총서가 완간이 되면, 남명학이 일반인들에게 보다 넓게 그리고 가깝게 다가가 있지 않을까 생각합니다.

그간 척박한 연구 환경 속에서 남명학에 관심을 두고 묵묵히 연구를 계속해 온 여러 연구자분들과 남명선생을 존모하는 후학 및 후손 여러분들께 감사드리며, 특히 매년 재정적인 지원을 해 주시는 경상남도 관계자 여러분들께 깊은 감사의 뜻을 전합니다.

2006년 11월

경상대학교 남명학연구소장 **허 권 수** 근계

목차 *contents*

지리산智異山과 두류산頭流山

1. 지리산의 명칭과 그 의미

지리산智異山의 명칭에 대해 인터넷 사이트에서 검색을 해 보면, 참으로 다양한 설들이 많다. 그 중에 두류산이 우리말 구개음화에 의해 지리산이 되었다는 설이 많이 떠도는데, 이는 '두류산'이라는 명칭이 '백두산에서 흘러내려 온 산'이라는 뜻으로 표기한 한자어임을 무시하고, 순수한 우리말로 보는 왜곡된 시각에서 나온 것이다.

'지리산'이라는 이름이 어떻게 생겼는지는 확실한 근거 자료가 없다. 따라서 다양한 객관적 방법으로 추정해 볼 수밖에 없다. 우선 '지리산'이라는 명칭에 대해 전통적으로 한자표기가 다른 데 착안해서, 우리 고전을 정리하고 번역하는 민족문화추진회 홈

페이지에 들어가 아래와 같은 한자어로 검색하니, 다음과 같은 결과가 나왔다.

① 지리산智異山 : 555건(한국문집총간 291건, 국학원전 41건, 고전국역서 146건, 편년국역서 77건)
② 지리산智理山 : 2건
- 황혁黃赫의 『기축록己丑錄』 하 「갑자하정종명홍명등상소甲子夏鄭宗溟弘溟等上疏」
- 차천로車天輅의 『오산설림초고五山說林草藁』
③ 지리산知異山 : 6건
- 유방선柳方善의 『태재집泰齋集』 권1 「청학동靑鶴洞」
- 구봉령具鳳齡의 『백담집栢潭集』 권3 「송노공서부단성임送盧公瑞赴丹城任」
- 채팽윤蔡彭胤의 『희암집希菴集』 권24 「곤양지리산영악사중건비昆陽知異山靈嶽寺重建碑」
- 조현명趙顯明의 『귀록집歸鹿集』 권1 「지리산천왕봉知異山天王峯」
- 남효온南孝溫의 『사우명행록師友名行錄』
- 허균許筠의 『성소부부고惺所覆瓿藁』 권24 「성옹지소록惺翁識小錄」 하
④ 지리산地異山 : 1건
- 이식李湜의 『사우정집四雨亭集』 상 「차서달성홍익성운송설우상인귀지리산次徐達城洪益城韻送雪牛上人歸地異山」
⑤ 지리산地理山 : 3건
- 이호민李好閔의 『오봉집五峯集』 권2 「영벽주인출재산음映碧主人出宰山陰」
- 이호민李好閔의 『오봉집五峯集』 권2 「상원사上院詞」
- 남극관南克寬의 『몽예집夢囈集』 곤坤 「사시자謝施子」

남명과 지리산

그 다음 지리산의 별칭에 해당하는 두류산頭流山·두류산頭留山·방장산方丈山·방호산方壺山·불복산不伏山 등의 표제어를 선정해 검색해 보니, 다음과 같은 결과가 나왔다.

⑥ 두류산頭流山 : 271건(한국문집총간 173건, 국학원전 10건, 고전국역서 75건, 편년국역서 13건)
⑦ 두류산頭留山 : 3건(한국문집총간 3건)
⑧ 방장산方丈山 : 150건(한국문집총간 97건, 국학원전 3건, 고전국역서 49건, 편년국역서 1건)
⑨ 방호산方壺山 : 6건(한국문집총간 1건, 국학원전 1건, 고전국역서 4건)
⑩ 불복산不伏山 : 0건

지리산智異山·두류산頭流山·방장산方丈山은 워낙 많이 나타나기 때문에 숫자만 표기하고 구체적인 작품의 출전은 밝히지 않았다. 그리고 두류산頭留山은 두류산頭流山과 같은 계열에서 나온 이름이고, 방호산方壺山은 방장산과 같은 계열에서 나온 이름이기 때문에 그에 관한 출전을 구체적으로 밝히지 않았다. 다만 지리산의 경우, '지리산智異山'으로 표기하는 것을 제외한 나머지는 표기는, '지리산'의 다양한 표기를 보여주는 구체적 증거에 해당하기 때문에 전거를 모두 밝혀 놓았다.

지리산은 왜 이처럼 여러 가지 이름이 생긴 것일까?

천왕봉

우리는 지리산이라는 명칭에 대해 보다 객관적 검토가 필요하다. 우선 그 의미에 따라 분류해 보면, 대체로 네 가지로 나눌 수 있다. 첫째는 앞에서 보이듯이, 우리말 '지리산'을 다양한 한자로 표기한 경우이고, 둘째는 '두류산頭流山' 또는 '두류산頭留山'이라 호칭한 경우이고, 셋째는 '방장산方丈山'·'방호산方壺山'이라 부른 경우이고, 넷째는 '불복산不伏山'이라 이름 붙인 경우이다. 이에 대해 차례대로 그 명칭의 유래를 살펴보기로 한다.

첫째, '지리산'에 대해 살펴보자. '지리산'이라는 명칭은 한자어로 지리산智異山·지리산智理山·지리산知異山·지리산地異山·지리산地理山 등으로 다양하게 나타나고 있다. 이 외에도 어떤 설에는 지리산의 명칭이 대지문수사리보살大智文殊師利菩薩의 '지智'자

남명과 지리산

와 '리利'자에서 나왔다고 하는데, 민족문화추진회 홈페이지에서 '지리산智利山'이라는 표제어로 검색하면 한 건도 나오지 않는다. 따라서 이 설은 예전에 없던 것을 현대인들이 억측한 것이다. 문헌상 '지리산'이라는 명칭은 한자어로 위와 같이 다섯 가지가 나온다.

왜 이처럼 다르게 표기된 것일까?

나는 이에 대해 '지리'라는 순수한 우리말을 한자漢字로 표기하는 과정에서 서로 다르게 나타난 것이라 생각한다. 즉 뜻[訓]보다는 음音에 따라 한자를 빌어 표기하는 과정에서 위와 같이 여러 가지로 표기된 것이다. 역설적으로 위와 같이 다섯 가지로 표기되었다는 것은, 한자의 뜻에 따라 이름을 지은 것이 아니라, '지리'라는 말을 한자로 표기하면서 달라진 것임을 입증한다. 그렇지 않다면 다섯 가지로 다르게 표현될 리가 없다.

또한 다섯 가지 이름을 한자의 뜻으로 풀이할 경우, 근거로 내세울 만한 것이 하나도 없다. 예컨대 '지리산智異山'을 한자의 뜻에 따라 '지혜롭고 기이한 산'이라는 뜻으로 이름 지을 근거가 없다. 요즘 사람들이야 그냥 글자의 뜻에 따라 그렇게 지은 것으로 여길 수 있지만, 예전 사람들은 그처럼 단순하게 이름을 짓지 않았다. 중국 고전이나 우리나라 고전에서 '지이智異'라는 말을 찾아보면 특별한 의미로 쓰인 사례가 없다. 그렇다면 '지이智異'라는 말이 한자

제1장 지리산智異山과 두류산頭流山

의 뜻에서 나온 말이 아님을 알 수 있다. '지이智異'
가 그러하니, 그 나머지는 말할 것도 없다.

　한자문화권은 서구의 라틴문화권과 마찬가지다.
당시에는 '민족'이라는 개념이 존재하지 않았고, '민
족국가'라는 개념도 없었다. 문화중심권에서 만들어
진 선진문화가 주변에 널리 확산되어 그 문화를 공
유하였고, 또 주변의 문화가 중심부의 문화에 영향을
주기도 하면서 하나의 문화권을 형성하였다. 이런 문
화적 특수성을 감안해 볼 때, 순수한 토속어로서의
'지리'라는 말이 한자문화가 유입되면서 한자를 빌
어 표기하는 과정에서 이처럼 다양하게 나타난 것이
라 여겨진다.

　그렇다면 '지리'라는 토속 우리말의 의미는 무엇
일까?

　이에 관해서도 여러 가지 설이 있는 것으로 안다.
그러나 그 설을 모두 수집해 이 자리에서 번거롭게
거론할 필요는 없을 것이다. 다만 나의 관점으로 말
하자면, '지리'는 '지리하다'에서 나왔다고 하는 설이
비교적 설득력이 있다고 생각한다. 이중환李重煥(1690
~1752)의 『택리지擇里志』에 "<지리산의> 동네는 굽
이굽이 깊고 크며, 토질은 흙이 두텁고 기름지다. 온
산이 모두 사람 살기에 적당한데, 안에는 백 리의 긴
골짜기가 많으며, 밖은 좁고 안은 넓어 넓직하다[洞
府盤回深鉅 土性肉厚膏沃 一山皆宜人居 內多百里長谷 外狹

남명과 지리산

內廣浩浩]”라고 되어 있다. 여기서 ‘백 리의 긴 골짜기가 많다’는 말은 ‘지리하다’와 무관하지 않다.

‘지리支離하다’는 한자어로, 우리말 ‘지루하다’와 유사하다. 백 리의 긴 계곡을 걸어가 본 사람은 그 길이 얼마나 지루한 지 실감할 것이다. 또 지리하게 이어지는 능선을 ‘지루봉’이라고 이름 붙인 경우도 더러 있다. 그러므로 ‘골짜기가 길어 지리하다’에서 ‘지리한 산’이 되었고, 그런 의미에서 ‘지리산’이라는 이름이 붙여졌을 것으로 추정된다.

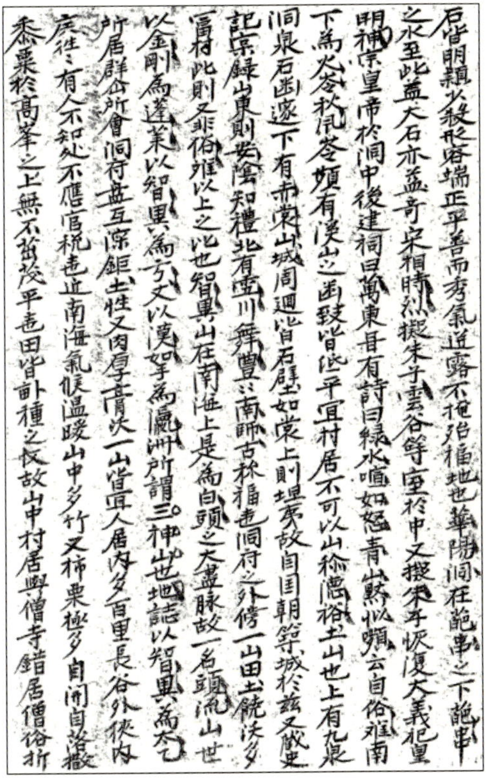
石皆明穎少殺形容端正平善而秀氣逆露不掩殆福地也華陽洞在巴串之下巴串
之水至此益大石亦益奇宋相時烈擬朱子雲谷築室於中又擬朱子恢復大義祀皇
明神宗皇帝於洞中後建祠曰萬東書有詩曰綠水喧如怒青山默似嚬云自俗離南
下為火嶺秋風嶺頗有漢山之凶麓皆低平宜村居不可以山稱德裕土山也上有九泉
洞泉石幽邃下有赤裳山城周廻皆石壁如裳上則坦夷故自国朝築城於茲又藏史
記宗録山東則安陰知禮北有茂川舞豐々南師古林福壽洞府之外傍一山田土饒沃多
富村此則又非俗離以上之比也智異山在南海上是為白頭之大盡脈故一名頭流山世
以金剛為蓬萊以智異為方丈以漢拏為瀛洲所謂三神山也地誌以智異為太乙
所居群仙所會洞府盤互深鉅土性又肉厚膏沃一山皆宜人居內多百里長谷外狹內
廣往々有人不知處不應官稅走近南海氣候溫暖山中多竹又柿栗極多自開自落撒
黍粟於高峰之上無不茁茂平地田皆可種之故山中村居與僧寺錯居僧俗折

이중환의 『택리지』 중 지리산

‘지리산’이라는 명칭을 언제 누가 만들었는지는 확인할 길이 없다. 아마도 이 산 인근에 사는 사람들이 백 리의 긴 골짜기를 드나들면서 지리하게 여겨 붙였을 것이다.

둘째, ‘두류산’에 대해 살펴보자. 두류산이라는 말은, 우리 민족의 영산靈山인 백두산白頭山에서 뻗

어 내려 국토 남단에 웅거한 산이라는 뜻에서 붙여
진 것이다.

　요즘 인터넷에서 떠도는 설처럼 터무니없는 말이
아니다. 이에 대한 주요 기록을 정리해 보면 다음과
같다.

① 지리산은 처음 백두산으로부터 뻗어내려 꽃다운 봉
　우리와 골짜기가 면면이 이어져 내려와 대방군에 이
　르러서 두툼하게 수천 리에 맺혔다. 산을 빙 둘러 사
　람들이 사는 고을이 10여 주나 된다. 【智異山 始自白頭
　山而起 花峯萼谷 綿綿聯聯 至帶方郡 蟠結數千里 環而居者 十
　餘州(李仁老, 『破閑集』 상권 제14조)】

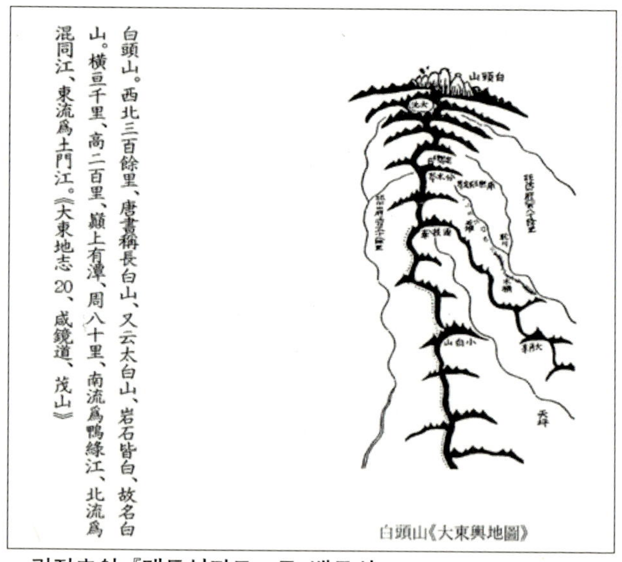

김정호의 『대동여지도』 중 백두산

남명과 지리산

② 이첨李詹의 시에 "나는 들었네, 백두산이 남쪽으로 내려와, 바닷가에 이르러 뿌리가 서리고 서렸다지. 높이 높이 연이은 봉우리가 삼천 리에 이르고, 험한 곳은 모두 동국의 관문이 되었다네"라고 하였다. 【李詹 詩云 吾聞白頭山南來 抵海根盤盤 迢迢連嶂三千里 險處皆爲東國關(『新增東國輿地勝覽』 권30, 晉州牧, 山川, 智異山)】

③ 산세가 높고 크며, 수백 리에 웅거하고 있다. 여진 백두산의 산맥이 흘러내려 이곳에 이르렀기 때문에 두류산이라고 이름한 것이다. 혹자는 말하기를 "그 산맥이 바다에 이르러 곤궁해져서 멈추어 이곳에 머물렀기 때문에 '류流'자를 '류留'자로 쓰는 것이 옳다"고 한다. 【山勢高大 雄據數百里 女眞白頭山之脉 流至于此 故又名頭流 或云 其脉至海而窮 停留于此 故流作留 爲是(『新增東國輿地勝覽』 권39, 南原都護府, 山川, 智異山)】

④ 지리산은 우리나라 남쪽 극단에 위치하고 있는데, 지극히 높고 크다. 백두산의 신령스럽고 맑은 기운이 흘러 이곳에 쌓였기 때문에 또한 '두류산'이라고도 한다. 【智異山居國之極南 極高大 白頭靈淑之氣 流畜于兹 故亦曰頭流(『增補文獻備考』 권19, 「輿地考 8」)】

⑤ '두류'라는 말은 백두산의 맥이 남쪽으로 흘러 이 산이 되었기 때문에 '두류'라고 이름한 것이다. 【頭流者 白頭山脈 南流爲此山 故名頭流(李圭景, 『五洲衍文長箋散稿』의 「靑鶴洞辨證說」)】

⑥ 지리산은 진주 서쪽 1백 리 지점에 있다. 산세가 높고 크며, 수백 리에 웅거하고 있다. 여진 백두산의 산맥이 연이어 뻗어내려 이곳에 이르렀기 때문에 일명 두류산이라고도 한다. 【智異山在州西一百里 山勢高大 雄據數百里 女眞白頭山之脉 連延至此 故一名頭流(『晉州邑誌』, 山川, 智異山)】

⑦ 지리산은 남원부 동쪽 60리 지점에 있다. 산세가 높고도 크며, 수천 리에 웅거하고 있다. 여진 백두산의

제1장 지리산智異山과 두류산頭流山

산맥이 연이어 뻗어내려 이곳에 이르렀기 때문에 또한 두류산이라고도 부른다. 【智異山在南原府東六十里 山勢高大 雄據數千里 女眞白頭山之脈 連延至此 故又名頭流(欽定四庫全書 史部 11, 『朝鮮志』卷下)】

이런 기록을 종합해 보면, 백두산의 산맥이 이곳까지 뻗어 내렸기 때문에 두류산頭流山이라는 이름이 붙여졌다는 것을 알 수 있다. 그 외에 ③에서 보이는 것처럼, 백두대간이 흘러내리다 바닷가에 이르러 멈추었다는 의미에서 ‘두류산頭留山’이라는 이름이 붙여지기도 하였다. 또한 ④의 경우처럼, 백두산의 신령스럽고 맑은 기운이 흘러와 쌓였다는 뜻에서 두류산頭流山이라는 이름이 붙여졌다는 설도 있다.

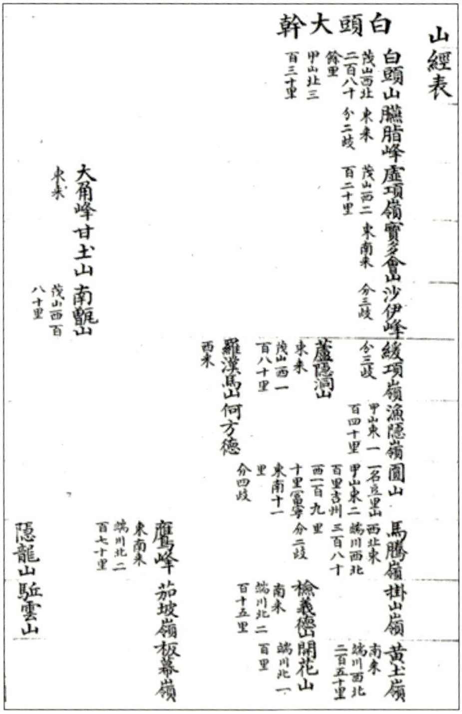

그러나 이런 설은 모두 백두산에서 그 맥이 뻗어 내렸다는 점에서 근원이 같다. 즉 민족의 영산인 백

신경준의 『산경표』 중 백두대간

남명과 지리산

두산으로부터 뻗어 내려왔다는 백두대간白頭大幹을 의식하고 붙여진 이름이다. 백두산은 우리 민족의 머릿속에 하늘에 닿아 있는 영산靈山으로 인식되었다. 그러나 국토가 한반도로 정해진 뒤에는 백두산을 본 사람은 거의 없다. 그래서 우리 민족 근원의 상징적 이미지로 부각되었고, 정신적 귀의처로서 인간세상과 하늘을 연결하는 고리역할을 하였다.

　　지리산이 두류산으로 불리게 된 것도 이처럼 민족의 근원을 찾아 천상의 세계와 연결시키려 한 정신적 산물로 볼 수 있다. 백두산이 우리 민족의 정신사 속에서 천상의 세계와 넘나드는 경계라면, 그 산이 흘러내린 두류산은 인간세상에서 가장 우뚝하게 솟아 있는 현실세계에 군림하는 산이다. 이 산의 줄기를 따라 백두산으로 올라가면 천상의 세계로 갈 수 있다. 이는 우리가 천신天神의 자손임을 강조하는 건

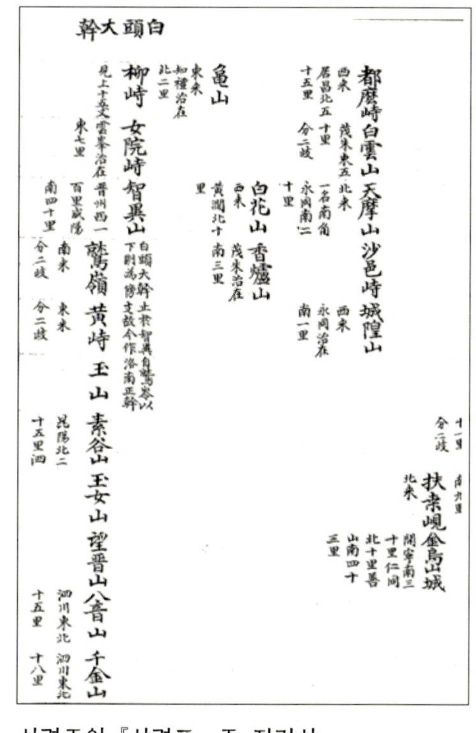

신경준의 『산경표』 중 지리산

제1장 지리산智異山과 두류산頭流山

국신화와 맥이 닿아 있고, 우리 민족과 국토의 독립성을 의미하는 상징을 함유하고 있다.

셋째, '방장산方丈山'에 대해 살펴보자. 방장산은 신선神仙이 사는 산이라는 뜻에서 붙여진 이름이다. 방장산은 중국 전설 속의 삼신산三神山의 하나이다. 이에 관한 기록을 정리해 보면 다음과 같다.

① 또한 방장산이라고도 부른다. 두보의 시에 '방장산은 바다 건너 삼한에 있네'라고 하였는데, 그 주 및 『통감집람』에 모두 "방장산은 대방군 남쪽에 있는 것이 그것이다"라고 하였다.【又名方丈 杜詩'方丈三韓外'注及 通鑑輯覽 皆云方丈在帶方郡之南 是也(『新增東國輿地勝覽』권39, 南原都護府, 山川, 智異山)】

② 세속에서 전하는 속담에 "태을이 그 산 위에 사는데, 신선들이 모이는 곳이고, 용상이 거처하는 곳이다"라고 한다.【諺傳 太乙居其上 羣仙之所會 龍象之所居也(『新增東國輿地勝覽』권39, 南原都護府, 山川, 智異山)】

③ 세상에서는 금강산을 봉래산이라 하고, 지리산을 방장산이라 하고, 한라산을 영주산이라 하니, 이른바 삼신산이다. 지리지에 "지리산은 태을이 사는 곳으로, 신선들이 모이는 곳이다"라고 하였다.【世以金剛 爲蓬萊 智異爲方丈 以漢拏爲瀛洲 所謂三神山也 地誌 以智異爲 太乙所居 羣仙所會(李重煥, 『擇里志』, 「名山名利」)】

④ 두보의 시 '방장산은 바다 건너 삼한에 있네'라는 구에 대해, 논평하는 자들은 삼신산이 우리나라에 있다고 하며, 방장산을 지리산에 해당시키고, 영주산을 한라산에 해당시키고, 봉래산을 금강산에 해당시킨다. 그러므로 지리산이 방장산이 된 것이다. 신라시대 승려 의상의 「청구기」에 "두류산에는 일만 년 동

안 문수보살이 머물던 곳이다. 그 아래 지역은 해마
다 풍년이 들고 백성들은 정성스럽다"고 하였다. 지
리지에는 "지리산은 태을이 사는 곳으로, 신선들이
모이는 곳이다"라고 하였다. 【杜少陵詩有‘方丈三韓外’之
句 說者以爲三神山皆在我東 而方丈以智異山當之 瀛洲以漢拏
山當之 蓬萊以金剛山當之 故以智異爲方丈 新羅釋義相靑丘記
頭流山一万文殊住世 其下歲豊民愿 地誌以智異爲太乙所居 群
仙所會(李圭景,『五洲衍文長箋散稿』의「靑鶴洞辨證說」)】

⑤ 지리산은 방장산이라고도 한다. 두보의 시 ‘방장산은
바다 건너 삼한에 있네’라는 구의 주 및 『통감집람』
에 모두 "방장산은 대방군 남쪽에 있는 것이 그것이
다"라고 하였다. 【又名方丈 杜詩‘方丈三韓外’注及通鑑輯覽
皆云方丈在帶方郡之南者 是也(『集註邑誌』)】

⑥ 방장산은, 두보의 시 ‘방장산은 바다 건너 삼한에 있
네’라는 구의 주 및 『통감집람』에 모두 "방장산은 대
방군에 있으니, 곧 남원의 남쪽이 그곳이다"라고 하
였다. 【方丈 杜詩‘方丈三韓外’註及通鑑輯覽 皆云方丈在帶方郡
卽南原之南者 是也(欽定四庫全書 史部 11,『朝鮮志』卷下)】

삼신산三神山은 진시황秦始皇이 불로초를 구하자,
제齊나라 사람 서불徐巿이 진시황에게 올린 글에 "바
다 가운데 삼신산이 있는데, 그 이름을 봉래산蓬萊
山・방장산方丈山・영주산瀛洲山이라고 하며, 신선이
그곳에 삽니다"라고 한 데서 유래되었다. 실제로 그
산이 어디에 있는지는 아무도 모른다. 후세 사람들이
‘바다 가운데 있다’고 한 말에 근거하여 우리나라의
금강산・지리산・한라산을 삼신산으로 인식하게 된
것이다.

제1장 지리산智異山**과 두류산**頭流山

삼신산은 도가道家의 신선사상과 밀접하게 관련되어 있다. 방장산은 삼신산의 하나로, 태을太乙이 사는 곳으로 인식하였다. 태을은 태일진군太一眞君이라고도 하는 도가의 천신天神으로, 북극신北極神의 별명이다. 이처럼 지리산은 도가사상과 관련되어 청학青鶴과 신선神仙이 사는 곳으로 인식되었다. 지리산 청학동도 이런 데서 연유한 것이다.

그리고 간혹 ④에 보이듯, 불교의 영향으로 문수보살이 사는 곳으로 여겨지기도 하였다. 지리산에는 불교의 영향으로 불교와 관련된 설이 많다. 예컨대 천왕봉에 있던 성모聖母를 석가釋迦의 어머니인 마야부인이라고 하는 설이나, 반야봉般若峯·가섭대伽葉

쌍계사 일주문 현판

남명과 지리산

臺 등의 지명을 보면 쉽게 알 수 있다. ②에 보이는 '용상龍象'은 '용과 코끼리'를 말하는데, 이는 고승高僧이나 나한羅漢을 비유하는 말로도 쓰인다. 이 역시 불교의 영향에 의한 것이다.

넷째, 불복산不伏山에 대해 살펴보자. 불복산은 '반역산'이라고도 한다. 이는 이성계에게 복종하지 않았다는 의미에서 붙여진 것이다. 그러나 이 명칭은 한자로 쓰여진 고전에는 나타나지 않는다. 따라서 불복산이라는 말은 전설 속의 명칭이며, 실제로 지리산을 부르는 명칭으로는 거의 쓰여지지 않았음을 알 수 있다.

이상에서 살펴본 바와 같이 지리산은 부르는 명칭은 매우 다양하다. 위에서 크게 네 가지로 분류해 살펴보았지만, 불복산을 제외하면 실제로 우리 조상들이 지리산을 부르던 명칭은 크게 지리산·두류산·방장산 세 가지로 분류할 수 있다.

그런데 우리 선인들은 지리산을 표기할 적에는 대체로 '지리산智異山'이라고 하거나, '두류산頭流山'이라고 하였다. 문헌상의 기록으로 보면, 지리산智異山은 신라시대 최치원崔致遠(857~915)의 문집인 『고운집孤雲集』에서부터 보이기 시작하여, 고려시대 이규보李奎報(1168~1241)·이제현李齊賢(1287~1367)·이색李穡(1328~1396)·정추鄭樞(1333~1380) 등의 문집에 연이어 나타난다. 반면 두류산頭流山은 고려 말 이곡李穀

제1장 지리산智異山과 두류산頭流山

천왕봉

(1298~1351)·이색·정추 등의 문집에서부터 비로소 보이기 시작한다. 이를 보면, 지리산이 두류산보다 훨씬 먼저 쓰이기 시작한 것을 알 수 있다. 의상義相의 「청구기」에 '두류산頭流山'이라는 명칭이 보이는데, 이는 의심할 만하다.

또한 민족문화추진회에서 간행한 한국문집총간을 검색해 보면, '지리산智異山'이라는 표제어는 총 290건이 나오고, '두류산頭流山'이라는 표제어는 총 173건이 나온다. 즉 지리산으로 표기한 것이 두류산으로 표기한 것보다 배나 더 많았다. 이런 사실을 두고 볼 때, 지리산이라는 명칭이 가장 오래 전부터 쓰였고, 또 가장 널리 쓰인 것을 알 수 있다.

그런데 조선시대 선인들의 유람록遊覽錄 가운데 「유쌍계사기遊雙溪寺記」의 경우처럼 어느 특정 지역

남명과 지리산

만을 유람한 경우를 제외하고, 지리산에 오른 비교적 분량이 많은 64편의 지리산 유람록을 분석한 결과, '지리산智異山'으로 제목을 쓴 것이 10편이고, '방장산方丈山'으로 제목을 쓴 것이 7편이며, 나머지 47편은 '두류산頭流山'으로 제목을 붙였다.

이를 보면, 적어도 조선시대 사인士人들은 지리산이나 방장산이라는 이름보다는 두류산이라는 이름을 선호한 것을 알 수 있다. 그것은 앞에서 살펴보았듯이, 두류산은 백두산에서 뻗어 내린 민족의 영산이라는 인식과 맥을 같이 하기 때문이다. 반면 지리산은 특별한 의미가 없고, 방장산은 신선사상과 결부되어 있기 때문에 조선시대 유학자들은 두류산이라는 명칭을 선호한 듯하다.

천왕봉

제1장 지리산智異山**과 두류산**頭流山

2. 조선시대 사인士人들의
지리산 유람과 사의식士意識

앞에서 살펴본 것처럼, 조선시대 지식인들은 대부분 지리산을 '지리산智異山'으로 부르지 않고 '두류산頭流山'이라 불렀다. 그것은 우리 강토 남단에 우뚝하게 솟은 지리산을 백두산白頭山으로부터 뻗어내린 산으로 인식하였기 때문이다. 그래서 우리 선인들은 두류산을 천하에서 가장 크고 숭고하고 빼어난 산으로 인식했다. 아래 자료를 보면, 우리 조상들이 지리산에 대해 얼마만큼 자긍심을 갖고 있었는지를 알 수 있다.

① 아, 두류산은 숭고하고도 빼어나다. 중국에 있었다면 반드시 숭산嵩山이나 대산岱山보다 먼저 천자가 올라가 봉선封禪을 하고, 옥첩玉牒의 글을 봉하여 상제에게 올렸을 것이다. 【嗚呼 以頭流崇高雄勝 在中原之地 必先嵩岱 天子登封 金泥玉牒之檢 升中于上帝(金宗直, 『佔畢齋集』 권8 「遊頭流錄」)】

② 문장에 비유하면 굴원屈原의 글은 애처롭고, 이사李斯의 글은 웅장하고, 가의賈誼의 글은 분명하고, 사마상여司馬相如의 글은 풍부하고, 자운子雲의 글은 현묘한데, 사마천司馬遷의 글이 이를 모두 겸비한 것과 같다. 또한 맹호연孟浩然의 시는 고상하고, 위응물韋應物의 시는 전아하고, 왕마힐王摩詰의 시는 공교롭고, 가도賈島의 시는 청아하고, 피일휴皮日休의 시는 까다롭

고, 이상은李商隱의 시는 기이한데, 두자미杜子美의 시
가 이를 모두 종합한 것과 같다.【比之文章 屈原哀 李斯
壯 賈誼明 相如富 子雲玄 而司馬遷兼之 浩然高 應物雅 摩詰工
賈島淸 日休險 商隱奇 而杜子美統之(柳夢寅,『於于集』後集 권6
「遊頭流山錄」)】

③ 지리산은 우리나라의 첫 번째 산일뿐만 아니라, 천하
의 아무리 큰 산일지라도 이 산과 대등할 만한 산은
없을 것이다. 만약 공자孔子께서 이 산에 오르셨다면
천하가 크게 보이지 않았을 것이다.【非但東國之爲第一
山 雖以天下之大 無可等列於此山者 若使尼父登臨 則天下不足
大也(宋光淵,『泛虛亭集』권7「頭流錄」)】

김종직金宗直(1431~1492)은 중국의 숭산이나 태산보다 두류산이 더 낫다는 인식을 하였고, 유몽인柳夢寅(1559~1623)은 지리산을 동아시아 문학의 최고봉인 시에 있어서의 두보杜甫, 산문에 있어서의 사마천司馬遷에 비유하였다. 또한 송광연宋光淵(1638~1695)은 이 세상에서 두류산과 비견할 산이 없다고 하였다. 실로 대단한 자긍심이 아닐 수 없다.

유몽인의 『어우집』 「유두류산록」

19

제1장 지리산智異山과 두류산頭流山

천왕봉

왜 그럴까?

그것은 우리 것이 최고라는 막연한 의식이 아니라, 백두산과 연결되어 있기 때문이다. 우리 민족과 국토의 근원을 생각하고 말한 것이다.

지리산은 이처럼 조선시대 지식인들에게 민족 강토에 대한 자긍심을 갖게 하는 영산靈山이었다. 그리하여 이 산을 유람하는 것을 평생의 소원으로 생각하였다. 그리고 실제로 많은 문인·학자들이 이 산을 유람하여 수십 편의 유람록을 남기기도 하였다.

옛날 사람들이 지리산을 찾는 목적은 크게 두 가지로 볼 수 있다. 하나는 흉금을 크게 펴 보고 시야를 확대하는 공자孔子의 '태산에 올라 천하를 작게 여긴다[登泰山小天下]'는 기분을 맛보기 위한 것이고, 다른

남명과 지리산

하나는 신선세계를 찾아 답답함을 풀기 위함이었다.
전자의 경우는 천왕봉에 오르는 것을 목표로 삼고,
후자는 청학동靑鶴洞과 삼신동三神洞을 주로 찾는다.

그런데 이런 목적으로 지리산을 찾지만, 이들은
어디까지나 본분이 유학자들이었기 때문에 유람을
하면서도 이 세상에 대한 생각을 벗어 던지지 못한
다. 그래서 그들은 불교나 무속巫俗의 혹세무민惑世誣
民한 자취를 보면 가차없이 비판하였고, 백성들의 어
려움을 보면 경세제민經世濟民의 이상을 떠올렸고,
역사 유적을 만나면 옛일을 회고하며 득실得失을 논
하였고, 높은 산을 힘들게 오를 적에는 자아를 돌아
보고 자신을 성찰省察하였으며, 산하山河를 지적할
적에는 국토에 대한 뜨거운 애정을 드러내기도 하였

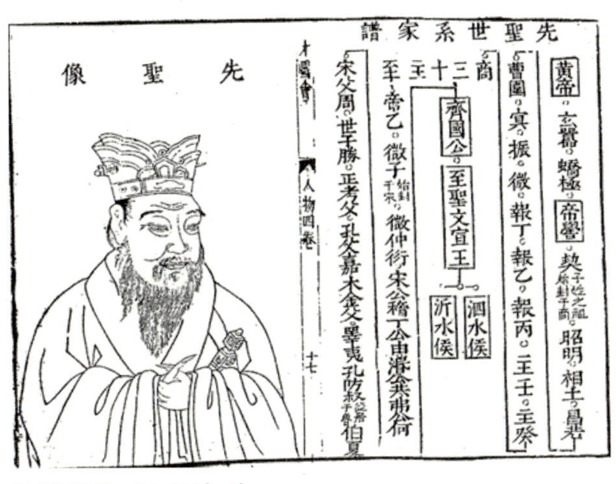

『삼재도회』 중 공자 상

제1장 지리산智異山과 두류산頭流山

『삼재도회』중 태산도

다. 이처럼 선인들의 지리산 유람은 단순한 산행이 아니라, 자신과 사회와 국토에 대한 종합적 성찰의 기회를 갖는 여행이었다.

남명의 출생과 지리산

1. 남명南冥, 두류산 밑에서 태어나다

'인걸人傑은 지령地靈'이라는 말이 있다. 빼어난 인물은 땅의 신령스런 정기를 받고 태어난다는 말이다. 추사秋史 김정희金正喜(1786~1856)의 탄생설화를 보면, 어머니가 잉태한 지 24개월 만에 낳았는데, 태어날 적에 우물물이 마르고, 팔봉산八峯山의 나무가 모두 시들었다고 한다. 추사가 산의 정기를 모두 받고 태어나, 산의 나무들이 모두 시들었다는 것이다. 이러한 설화가 바로 인걸지령에 해당한다.

그런데 이런 설화는 위대한 인물을 지나치게 미화하는 영웅주의적 사고가 들어 있고, 또 풍수사상도 일정하게 개입되어 있다. 따라서 이런 설화는 전적으로 신뢰하기 어렵다. 그러므로 독자들도 위대한 인물이 비범하다는 것을 상징적으로 보여주는 이야기 정도로 가볍게 이해하고 넘어간다. 나무가 모두 시들었다는 말에 대해, 대부분의 사람들은 '정말 그랬을까?'라고 의심을 갖지 않고, 가벼운 미소를 짓고 지나친다.

그런데 큰 산과 큰 인물은 예전부터 자연스럽게 그 이미지가 연결되어 상징성을 갖고 있다. 우리가 낯선 지역을 여행하면서 높은 산을 만나면 자신도 모르게 그 산을 바라보며 비경에 감탄하듯, 높은 산은 어떤 영적인 신비감을 내포하고 있다. 그리고 그 산에는 그에 버금가는 고사高士의 역사적 흔적이 남아 있는 경우가 흔히 있다.

영조英祖 때 활동한 화가 최북崔北은 호가 칠칠七七이다. 그는 어느 날 금강산을 유람하다가 아름다운 소沼를 만났는데, 문득 "명인名人은 명소名所에서 죽어야 해"라는 말을 남기고, 주저없이 그 소에 뛰어들었다고 한다. 이 이야기는 최북의 천재적 광기狂氣를 보여주는 유명한 일화다. 그러나 명승名勝과 명인名人의 만남은 이처럼 아주 자연스럽게 이루어진다. 명산名山과 고사高士의 만남도 마찬가지이다. 그래서 명산에는 반드시 고사의 발자취가 남아 있다.

『시경』 소아小雅 「거할車舝」이라는 시를 보면, "높은 산을 우러르며, 큰길을 걸어가네[高山仰止 景行行止]"라는 구절이 있다. 여기서 '높은 산'은 바로 태

남명과 지리산

산泰山과 같은 산이다. 그런데 그것은 단순히 우뚝한 돌덩어리 산이 아니라, 높은 덕을 지닌 우뚝한 인물에 비유된다. 그래서 사람들은 그 '높은 산[高山]'을 우러르며 자연스럽게 고사高士를 떠올린다.

이처럼 높은 산과 높은 덕을 가진 고상한 선비와의 만남은 미신이 아니다. 사람과 산이 자연스럽게 만나 그 이미지가 저절로 결합된 것이다. 그런데 후대에는 훌륭한 인물이 큰 산 밑에서 태어나면 그 정기를 받은 것으로 인식하였다. 이는 우리 생활 속에 풍수사상이 은연중 스며들었기 때문일 것이다. 높은 산과 고사의 만남은 후천적으로 이루어지는 것이지만, 훌륭한 인물이 산의 정기를 받고 태어난다는 것은 선천적 만남이다. 전자는 인간이 후천적으로 자신을 갈고 닦아 그 이미지를 만드는 것이지만, 후자는 인간의 의지와는 상

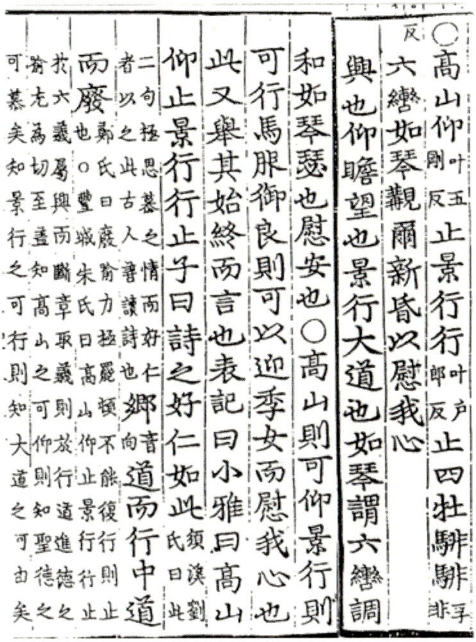

○高山仰叶五剛反止景行行叶户郎反止四牡騑騑孚非反六轡如琴覯爾新昏以慰我心

興也仰瞻望也景行大道也如琴謂六轡調和如琴瑟也慰安也○高山則可仰景行則可行馬服御良則可以迎季女而慰我心也此又舉其始終而言也表記曰小雅曰高山仰止景行行止子曰詩之好仁如此須溪劉氏曰此二句極思慕之情而好仁者以之此古人書讀詩也鄉音向道而行中道而廢鄭氏曰廢喻力極罷頓不能復行則止也○豐城朱氏曰高山仰止景行行止於六義屬興而斷章取義則於行道進德之詩尤為切至盡知高山之可仰則知聖德之可慕矣知景行之可行則知大道之可由矣

『시경』 소아 「거할」

관없이 일방적으로 주어지는 것이다. 그래서 전자는 객관성을 갖는 반면, 후자는 그저 신비로울 뿐이다.

'큰 산 밑에서 큰 인물이 난다'는 말은 선천적으로 주어지는 것을 의미하기보다는, 후천적인 만남을 의미한다. 그래서 추사의 경우처럼 태어날 때 산의 나뭇잎이 다 떨어졌다는 투의 황당한 설화가 없다.

조선시대 선비들이 높은 산에 오르면 사방을 조망하며 각 방면의 명산을 가리키고, 아울러 그 산 밑에 살았던 이름난 분들을 떠올렸다. 이런 인식은『시경』에 나오는 '높은 산을 우러르네'라는 인식에서 연유한 것이다. 우리 역사 속에도 그런 인식이 깊게 스며있다.

우리 역사상 16세기는 사림파와 훈구파가 충돌하여 여러 차례 사화士禍가 일어난 시기이다. 사화는 '선비들의 재앙'이다. 특히 1519년의 기묘사화는, 신진사림들이 정치적·사회적 개혁을 추구하자, 이를 반대하는 보수진영 훈구세력이 쿠데타를 일으켜 무차별 탄압을 가한 것이다. 이후 약 50년 동안은 재야 진보세력이 기를 펴지 못하고 초야에 은거해 숨을 고르고 있던 그야말로 암흑기였다. 무소불위의 권력은 세상을 얼어붙게 했고, 그 사회는 한 마디로 동토凍土였다. 여차하면 언제 목숨이 날아갈지 모르는 살얼음판 정국이었다.

이런 세상에 양심적 학자와 젊은 진보적 지식인

들은 조정에 진출을 포기하고, 다른 모색을 할 수밖에 없었다. 부도덕한 권력이 전횡을 하는 시대에 양심적 학자가 취할 수 있는 길은 그리 많지 않다. 지금 같으면 민주화운동을 통해 재야세력을 결집시킬 수 있지만, 과거에는 그것이 불가능했다. 재야에서 몇몇이 모여 인식을 공유하고 연대를 꾀하며 세상을 걱정할 수는 있지만, 운동을 통해 세상을 바꿀 에너지로 그 힘을 집결해 낼 수는 없었다. 그것은 혁명을 통해 가능한 일이다.

그래서 재야 학자들은 대체로 몇 가지 유형의 길을 택한다. 첫째는, 현실을 무도한 세상으로 보고 물러나 내 몸에 도를 구해 도덕을 드높임으로써 사회의 도덕과 정의를 부지하는 것이다. 둘째는, 현실권에 진출하는 것을 포기하고 학문에 침잠하여 학문적 우위를 확보하는 것이다. 셋째는, 현실에 눈을 감고 은일자적隱逸自適하며 초탈적 은둔을 지향하는 것이다. 이 세 부류 가운데 첫째의 경우는 철저한 구도적 자세를 갖고 도덕적 우위를 확보하여 부당한 현실정치에 대해 비판적 자세를 취하지만, 나머지 두 부류는 적극적 대결자세를 취하지 않고 일신을 보전하는 데 만족하는 경우가 많다.

16세기는 위와 같은 부류의 학자들이 재야 곳곳에 산재해 있던 시기이고, 이들에게 수학하거나 영향을 받은 인사들도 대거 배출되어 재야세력으로 성장

제2장 남명의 출생과 지리산

하고 있었다. 그런 가운데 각 지역의 이름난 산은 이름난 학자가 한 사람씩 차지하여 그 이미지가 서로 결합하고 있었다. 그 대표적 인물이 지리산 밑의 남명南冥 조식曺植(1501~1572), 속리산 밑의 대곡大谷 성운成運(1497~1579), 운문산 아래의 삼족당三足堂 김대유金大有(1479~1552), 덕유산 아래의 갈천葛川 임훈林薰(1500~1584), 청량산 밑의 퇴계退溪 이황李滉(1501~1570) 등이다. 물론 주변에 큰 산이 없어 그 이미지가 서로 연관되지 못한 인물들도 많다. 예컨대 전라도 장성長城의 김인후金麟厚(1510~1560), 태인泰仁의 이항李恒(1499~1576), 경상도 초계草溪의 이희안李希顔(1504~1559), 밀양의 신계성申季誠(1499~1562) 등이 그런 사람들이다.

그런데 조선 후기 우리나라에 실학實學을 본격적으로 일으킨 성호星湖 이익李瀷(1681~1763)은 우리나라 국토의 산맥과 그 산맥에 위치한 명산과 그 산 밑에서 산 학자를 하나로 결합하여 특이한 이론을 전개했다. 우선 그는 우리나라 산맥을 다음과 같이 정의하였다.

> 백두산은 우리나라 산맥의 조종祖宗이다. 철령鐵嶺에서 서쪽으로 뻗은 여러 산맥은 모두 서남쪽으로 치닫는다. 철령에서 뻗어 내린 산맥은 태백산太白山과 소백산小白山에 이르러서 하늘 높이 치솟았는데, 이것이 정맥正脈이다. … 태백산·소백산 위쪽의 산세는 이처럼 백두대간에서 서쪽으로 뻗어 내려, 물이 여러 갈래로 갈라져 흐른다. 그런데 영남 지방만은 산맥이 좌우

남명과 지리산

로 싸고돌아 동래東萊와 김해金海가 그 문간이 된다. 이
는 곧 산맥이 끝난 곳에 물이 모인 형국으로, 거칠고
사나운 살기殺氣가 흔적도 없이 제거된 곳이다. 왼쪽
곁의 동해가 하나의 큰 호수처럼 자리하고 있어, 백두
대간과 그 시종을 함께 하고 있다. 여기서 거북·자
라·교룡·물고기 등이 생산되며, 재물이 번식한다.
그러므로 이곳에서 무한한 인재가 양성되었다. 밖은
일본열도日本列島가 둘러 있고, 백두대간은 남쪽으로
뻗고 서쪽으로 뻗어 내려 물의 입구를 감싸고 있으며,
다시 바다를 훌쩍 뛰어 넘은 산맥이 크고 작은 섬들을
형성하고 있다. 오른쪽 산맥은 두류산頭流山에서 그쳤
는데, 그 형세가 바다를 뚫고 나온 것 같다. 그 웅장하
고 광대한 기상은 두려워할 만하다.【白頭 是東方山脉之
祖也 自鐵嶺以西 衆枝皆西南走 自鐵嶺 至太小白 而峻極于天是
爲正幹 … 太小白以上 山勢如此 故水皆散流 惟嶺南左右圍抱 東
萊金海爲捍門 是卽山盡水會 而麤厲殺氣 脫去無迹也 左旁東海
乃凝定一大湖 與白頭大幹 同其始終 黿鼉蛟龍魚鼈生焉 貨財殖焉
所以養盛無限人材 外周日本 大幹迤南迤西 圍抱水口 飛霞過脉
爲島爲嶼也 右幹止於頭流 其勢若截溟而過者 雄渾磅礡 氣像可畏
(『星湖僿說』 天地門「白頭正幹」)】

성호는 우리나라 국토의 뼈대에 해당하는 산맥의
근원지를 백두산으로 보고 있다. 그것은 마치 민족의
시조인 단군과 마찬가지로 인식된다. 그런데 그 정맥
이 뻗어 내리다 태백산·소백산에 이르러 양대산맥
을 형성하여 한 줄기는 동해를 따라 내려가고, 한 줄
기는 서남쪽으로 뻗어 우뚝하게 솟은 두류산이 되었
다고 보았다. 산으로 보면, '백두산 → 태백산·소백
산 → 두류산'으로 그 줄기가 형성된다고 생각한 것

제2장 남명의 출생과 지리산

○白頭正幹　白頭是東方山脉之祖也白鋏嶺以
西衆枝皆西南走自鋏嶺至大小白而後極于天是
爲正幹其間衆枝皆西走術家所謂楊柳枝也其言
曰梧桐葉上生偏于楊柳枝頭結正心然則所謂正
心惟嶺南當之意者此不外於安禮之間乎大小白
以上山勢如此故水皆散流惟嶺南左石圍抱東業

이익의 『성호사설』「백두정간」

이다. 여기서 태백산과 소백산은 백두산과 두류산의 중간에 위치하고, 두류산은 백두대간의 종착점이 된다. 그리고 태백산에서 좌우로 갈라진 산맥 안에 영남이 자리한다.

성호의 이러한 산맥에 대한 인식은, 영남이 지리학적으로 기가 빠져나가지 않고 응축되어 인재가 많이 나는 고장임을 말하기 위한 논리다. 그는 이런 인식을 근간으로 하여, 영남에서 배출된 인물에 대해 다음과 같이 논한다.

이 고장에서 태어난 인물로 말하면, 고려 이전까지는 미개한 문명을 아직 다 타파하지 못해서 오랑캐의 풍속이 남아 있었는데, 우리 왕조에 들어와서 중화의 풍속으로 새롭게 변하였다. 그래서 퇴계가 태백산·소백산 밑에서 출생하여 우리나라 유학의 종장이 되었다. 그 학통을 이어 받은 인물들은, 자신을 깊이 함양하여 농축된 빛을 발하며, 겸손하게 처신하고 겸양할 줄 알며, 문채가 찬란히 빛나니, 그들에겐 공자가 살던 수사洙泗 지역의 유풍이 있다. 남명은 두류산 밑에서 태어나 우리나라에서 기절氣節이 가장 뛰어난 분이 되었다. 그 학통을 이어 받은 사람들은, 정신이 강하고 실천에 용감하며, 의義를 기꺼워하고 삶을 가볍게 여기며, 어떤 이로움으로도 그

들의 뜻을 굽힐 수 없고, 어떤 해로움으로도 그들의 지
조를 바꿀 수 없으니, 그들에겐 우뚝한 절조節操가 있
다. 이것이 영남의 북부와 남부가 다른 점이다. 대체로
그 일직선의 큰 산맥이 백두산에서 시작하여 중간에
태백산이 되고 두류산에서 끝났으니, 당초에 '백두대
간'이라고 이름을 붙인 것도 의미가 있었던 듯하다. 그
리고 인재가 이 곳에서 배출된 점으로 보아도, 이 지역
이 인물의 창고라 할 수 있다. 그러니 필경 국가에서
의존할 수 있는 바는 반드시 다른 데에 있지 않을 것
이다. 【以人物論 則高麗以前 天荒猶未盡破 尚有夷裔之風 至聖
朝 而一變華俗 退溪生於太小白之下 爲東方之儒宗 其流 深涵濃
郁 損遜退讓 文彩彪暎 有洙泗之風焉 南冥生於頭流之下 爲東方
氣節之最 其流 苦心力行 樂義輕生 利不能屈 害不能移 有特立之
操焉 此嶺南上下道之有別也 蓋其一直大幹 始於白頭 中於太白
終於頭流 當初命名 亦恐有意 而人材之出於是 爲府藏 畢竟國家
所賴 必不在乎他也(『星湖僿說』 天地門「白頭正幹」)】

　위 인용문에 보이듯, 성호는 '태백산·소백산 밑
에서 퇴계가 출생하고, 두류산 밑에서 남명이 태어났
다'고 인식하고 있다. 그들이 태어난 태백산·소백산
및 두류산은 우리나라 백두대간의 중간점과 종착점
에 해당한다. 참으로 의미심장한 발언이다. 성호는,
이 두 철인哲人이 태백산·소백산 및 두류산의 정기
를 받고 태어났다고 직접적인 언급은 하지 않았지만,
백두대간의 혈점에 해당하는 이 산들과 은연중 연관
을 시키고 있다. 이것은 풍수사상과 다르다. 사람의
몸에 혈맥이 있듯이, 국토의 혈맥과 혈점을 지적하며
마치 어머니의 뱃속에서 새 생명이 잉태하는 것 같

제2장 남명의 출생과 지리산

천왕봉

은 비유를 통해 인재가 배출되는 점을 논한 것이다.

그런데 중요한 것은 이 두 철인이 우리나라 문명을 절정으로 끌어 올려 우리나라를 최고의 문명사회, 문화민족국가로 만들었다는 데 그 의미를 부여하고 있는 점이다. 다음 글을 보자.

단군 시대는 원시적인 상태를 벗어나지 못했다. 그 뒤 1천여 년이 지나 기자箕子가 우리나라에 봉해진 뒤에야 미개한 상태에서 벗어나게 되었는데, 그것도 한강 이남까지는 미치지 못하였다. 그 뒤 9백여 년이 지나 삼한三韓에 이르러서야 이 지역이 모두 개척되었고, 그 뒤에 삼국의 경계가 정해졌다. 그로부터 다시 1천여 년이 지나, 우리 왕조가 창건되면서 문화가 비로소 열렸다. 중세 이후에 퇴계가 소백산 밑에서 태어났고, 남명이 두류산 동쪽에서 태어났는데, 모두 영남 지역

남명과 지리산

이다. 북도는 인仁을 숭상하고, 남도는 의義를 주로 하였다. 그리하여 유교의 교화와 기절氣節을 숭상함이 바다처럼 넓고 산처럼 우뚝하게 되었다. 우리나라의 문명이 여기서 절정에 달하였다.【檀君之世 鴻濛未判 歷千有餘年 至箕子東封 天荒始破 不及於漢水以南 歷九百餘年 至三韓 地紀盡闢 爲三國之幅員 歷千有餘年 聖朝建極 人文始闢 中世以後 退溪生於小白之下 南冥生於頭流之東 皆嶺南之地 上道尙仁 下道主義 儒化氣節 如海濶山高 於是乎 文明之極矣(『星湖僿說』天地門「東方人文」)】

이 글에서 '퇴계는 소백산 밑에서 나고, 남명은 두류산 동쪽에서 났다'고 한 것은 앞에서 살펴본 것과 같다. 그런데 퇴계와 남명의 영향으로 이 지역 사람들이 인과 의를 숭상하여, 유교의 교화와 기절을 숭상함이 바다처럼 넓고 산처럼 깊게 되었다고 하였다. 그리고 그런 문명사회를 문명의 절정으로 보았다. 성호의 관점에서 볼 때, 퇴계와 남명에 의해 우리나라는 세계 최고의 문명사회를 건설한 것이다.

성호의 말에 따르면, 남

이익의 『성호사설』「동방인문」

제2장 남명의 출생과 지리산

명은 지리산의 정기를 받고 태어난 것이라 할 수 있다. 물론 추사의 탄생설화처럼 산의 정기를 모두 빼앗아 태어났다는 황당한 설은 아니다. 그의 말은 민족강토의 정기를 받고 태어났다는 것이다. 우리가 남명을 교주나 신으로 만들어 절대 복종을 강요하려는 것이 아니고, 또 남명을 영웅시하여 여타의 존재를 경시하려는 것도 아니며, 우리 사회를 문명사회로 만든 위대한 철인으로 받들고 그 정신을 이어가고자 하는 것이라면, 우리는 '남명이 두류산의 정기를 받아 태어났다'고 해도 지나치지 않을 것이다. 그것은 남명을 신격화하는 것이 아니고, 이 땅의 아들로 인식하는 것이기 때문이다. 그것은 바로 남명을 백두산・태백산・두류산으로 인식하는 것이기 때문에 그렇다. 퇴계의 경우도 마찬가지다.

그래서 성호가 '퇴계는 태백산・소백산 밑에서 태어나고, 남명은 두류산 밑에서 태어났다'고 하는 말은, 이 두 분이 백두대간의 정기를 받고 태어나 이 땅

퇴계 이황 상

남명과 지리산

의 문명을 절정으로 끌어올
렸다는 것이다. 이 얼마나
대단한 자긍심을 드러낸 말
인가! 백범 김구선생은 나
라를 빼앗긴 시대에 태어나
평생 광복을 위해 몸바쳐
일하면서도 우리나라의 미
래를 군사강국이나 경제강
국이 아닌, 문화강국이 되기
를 바랐다. 세계의 문화를
이끌어 나갈 수 있는 수준
높은 문명국을 건설하는 것
이 백범선생이 바라던 미래
의 대한민국이다. 여기서 잠
시 그 말씀을 인용해 본다.

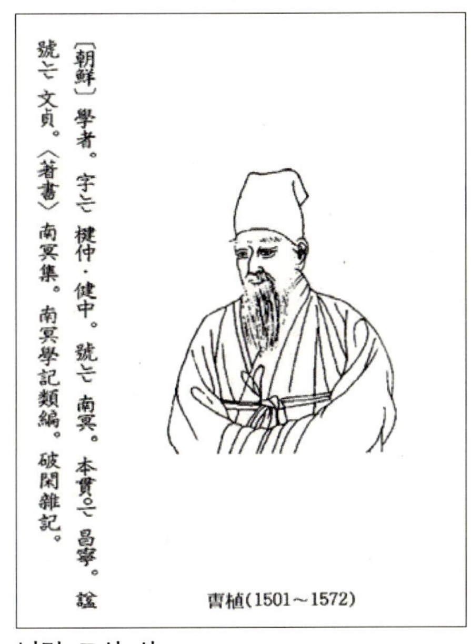

남명 조식 상

　　나는 우리나라가 세계에서 가장 아름다운 나라가
되기를 원한다. 가장 부유한 나라가 되기를 원하는 것
은 아니다. 내가 남의 침략에 가슴이 아팠으니, 내 나
라가 남을 침략하는 것을 원치 아니한다. 우리의 부력
富力은 우리의 생활을 풍족히 할 만하고, 우리의 강력
强力은 남의 침략을 막을 만하면 족하다. 오직 한없이
가지고 싶은 것은 높은 문화의 힘이다. 문화의 힘은 우
리 자신을 행복되게 하고, 나아가서 남에게 행복을 주
겠기 때문이다. 지금 인류에게 부족한 것은 무력도 아
니요, 경제력도 아니다. 자연과학의 힘은 아무리 많아
도 좋으나, 인류 전체로 보면 현재의 자연과학만 가지

제2장 남명의 출생과 지리산

고도 편안히 살아가기에 넉넉하다. 인류가 현재에 불행한 근본 이유는 인의仁義가 부족하고, 자비慈悲가 부족하고 사랑이 부족한 때문이다. 이 마음만 발달이 되면 현재의 물질력으로 20억이 다 편안히 살아갈 수 있을 것이다. 인류의 이 정신을 배양하는 것은 오직 문화이다. 나는 우리나라가 남의 것을 모방하는 나라가 되지 말고, 이러한 높고 새로운 문화의 근원이 되고, 목표가 되고, 모범이 되기를 원한다. 그래서 진정한 세계의 평화가 우리나라에서, 우리나라로 말미암아 세계에 실현되기를 원한다.

－김구, 『백범일지』「내가 원하는 우리나라」

2. 소미성少微星이 인간세상으로 내려오다

남명의 탄생설화도 위대한 인물들의 탄생설화처럼 신이한 이야기로 되어 있다. 첫째 설화는 집터에 관한 것이다. 어떤 술사術士가 남명이 태어난 외가의 집터를 보고 "이 땅에서 모년에 성현이 태어날 것이다"라고 예언하였는데, 그 해에 남명이 태어났다는 것이다(「남명선생편년南冥先生編年」). 이 설화는 집터를 보고 점을 친 것이므로, 풍수사상에 의해 만들어진 설화임을 알 수 있다.

둘째 설화는 서기瑞氣에 관한 것이다. 남명이 태어날 적에 집 앞에 있는 팔각정八角井에서 무지개 기운이 뻗쳐 나와 산실에 가득했다는 것이다(「남명선생편

남명과 지리산

년」). 이 설화도 남명이 태어날 때부터 비범한 인물이 었다는 점을 강조하기 위해 만들어진 이야기일 뿐, 그것이 남명이라는 인물의 위대한 점과는 별 관련성이 없다.

셋째 설화는 산과 관련된 것이다. 합천 황매산에는 세 봉우리가 있는데 그 정기를 받고 세 명의 훌륭한 인물이 태어날 것이라는 전설이 있었다. 남명의 부친 조언형曺彦亨(1469~1526)의 꿈에 흰 수염을 길게 늘어뜨린 천상의 선인仙人이 나타나 구름 사이에서 말하기를 "신유년에 사내아이가 태어날 것이니 잘 키우도록 하여라. 큰 학문을 이룩하게 될 것이니라"라고 하였는데, 이로부터 부인에게 태기가 있어 신유년에 남명이 태어났다는 것이다(정우락, 『남명설화 뜻풀이』). 이 설화는 남명이 황매산의 정기를 받고 태어났다는 것일 텐데, 오히려 신선이 점지해 준 쪽으로 왜곡되어 있다.

남명이 황매산의 정기를 받고 태어났다는 설화는, 남명이 태어난 삼가三嘉에서 가장 크고 가까운 산이 황매산이기 때문이다. 그러나 앞에서 살펴본 바와 같이 '남명은 두류산 밑에서 태어났다'고 한 성호의 말과 비교해 보면, 안목의 차이가 크다는 것을 느낄 수 있다. 성호의 말은 우리나라의 역사와 지리를 한 눈에 꿰뚫어보고 한 발언임을 굳이 설명하지 않아도 독자들은 다 안다. 그러나 황매산의 정기를 받

제2장 남명의 출생과 지리산

『경상도읍지』「삼가현」

고 태어났다는 설화는 소박한 촌사람들의 정서를 그대로 반영한 것임을 알 수 있다.

따라서 나는 남명의 출생에 관련된 설화는 대체로 믿을 것이 못되고, 성호의 말을 통해 남명의 출생의 의미를 읽는 것이 좋다고 생각한다.

이에 덧붙여 한 가지 더 언급하고 싶은 것이, 남명의 죽음에 관한 다음과 같은 설화이다. 남명의 죽음에 관한 설화는 대체로 두 가지가 유명하다. 하나는 두류산에 목가木稼가 많이 생겼다는 것이고, 하나는 천문天文을 살피는 사람들이 남명의 죽음을 예언했다는 것이다.

목가는 나뭇가지에 곡식이 달린 것처럼 얼음이

남명과 지리산

맺히는 현상을 말한다. 설화雪花가 피는 것과 비슷한 현상이다. 민간에서는 이 목가가 생기면 위대한 인물이 죽는다는 속설이 있었는데, 남명이 별세하기 전 해에 그런 현상이 나타났던 것이다. 이 역시 황당한 설인지라, 믿을 것이 못된다.

두 번째 이야기는 세 가지가 있다. 첫째는 우리나라 사신이 중국에 갔을 때 어떤 천문을 보는 사람이 "당신네 나라에 도학이 높은 사람에게 머지않아 좋지 않은 일이 있을 것입니다"라고 하였다는 것이고, 둘째는 술사 남사고南師古(1509~1571)가 "소미성少微星의 정기가 사라져 가니, 처사에게 반드시 재앙이 있을 것이다"라고 하였다는 것이며, 셋째는 서경덕徐敬德의 문인 박지화朴枝華(1513~1592)가 토정土亭 이지함李之菡(1517~1578)의 집에 찾아가 "소미성의 정기가 문득 사라져 가니 그대의 몸에 재앙이 있지는 않은가? 두려워서 이렇게 찾아왔네"라고 하자, 토정이 말하기를 "그 무슨 말인가? 필시 남명南冥 조처사曹處士일 테지"라고 하였다는 것이다.

위 세 가지 이야기 가운데 첫째 설화에 대해, 김시양金時讓(1581~1643)의 『부계기문涪溪記聞』에는 다음과 같이 비판해 놓았다.

　　내 일찍이 조남명曺南冥의 문집을 보니, 그의 문인 진극경陳克敬(1546~1617)의 기록에 "허봉許篈(1551~1588)이 서장관으로 명나라에 갔을 때, 중국 사람이 말하기

제2장 남명의 출생과 지리산

太微垣。上元天庭太微宮、昭昭列象布蒼空、端門只是門之中、左右執法門西東、門左一皂乃謁者、以次即是烏三公、三黑九卿公背傍、五黑諸侯卿後行、四赤門西主軒屏、五帝内坐於中正、幸臣太子幷從官、烏列帝後陳東定、郎將虎賁居左右、常陳郎位居其後、常陳七星不相誤、郎位陳東赤十五、兩面宮垣十紅布、左右執法是其所、東垣上相次相陳、次將上將相連明、西面垣墻依此數、但將上將逆南去、宮外明堂布政宮、三黑靈臺候雲雨、少微四赤西南隅、長垣雙雙微西居、北門西外接三台、與垣相對無兵災。《天文類抄》

太微垣圖《新法步天歌》

『삼재도회』 소미성 (○부분은 필자 강조)

를 '소미성이 광채가 없으니 동방에 은자의 죽음이 있을 것이다'라고 하였다. 허봉이 본국으로 돌아오니, 선생은 이미 돌아가셨다"라고 하였다. 말의 근거 없음이 이런 지경에 이르렀는가? 남명의 죽음은 임신년(1572)이었고, 허봉은 이 해에 과거에 급제하였다. 그가 북경에 간 것은 갑술년(1574)이었으니, 남명이 죽은 지 3년이 지난 뒤이다. 【嘗見曺南冥集 有門人陳克敬記曰 許篈以書狀官赴中原 中原人曰 少微星無光 東方當有隱者死 篈還歸先生已沒 言之無據 一至此哉 南冥之沒在壬申 許公以是年登第 其朝京師在甲戌歲 後南冥之沒已三年矣(『涪溪記聞』)】

김시양의 비판은 전적으로 타당하다. 다만 전통 시대에는 어떤 사건에 대한 연도고증이 치밀하지 못해 이와 같은 실수를 한 경우가 허다하다. 아무튼 이 설화는 터무니없는 허위로 판명됐지만, 적어도 남명이 소미성의 정기를 받고 태어났다는 점에서는 뒤의 두 설화와 일맥상통한다.

남사고와 이지함은 우리나라의 대표적인 술사術士이다. 이들은 모두 남명의 죽음을 예견했고, 한결같이 하늘의 소미성과 우리나라의 남명을 연관시켜 말하고 있다. 소미성은 처사處士·일민逸民을 상징한다. 그렇다면 이런 설화는, 남명이 생전에 이미 최고의 처사處士로서 온 나라 사람들에게 인정되었기 때문에 만들어진 것이다.

이런 '남명이 우리나라를 대표하는 최고의 처사'라는 인식은, 후대 경상우도 지식인들에게 면면이 이어져 내려왔다. 특히 재야 지식인들에게 남명은 처사의 상징으로서 소미성과 더욱 긴밀하게 인식되었다. 19세기 삼가三嘉에 살았던 만성晩醒 박치복朴致馥(1824~1894)은 남명에 대해 다음과 같이 읊었다.

出處大節

하늘에는 소미성이 있고,	天上少微星
인간 세상에는 남명 선생.	人間曹南冥
남명선생이 인간세상으로 오시자,	南冥降海山
소미성이 인간세상에 있었는데,	少微在人間
소미성이 정기를 잃자,	少微晦精象

제2장 남명의 출생과 지리산

남명선생이 하늘로 돌아가셨네.　　　　　南冥歸天上
하늘나라 인간세상 지척과 같으니,　　　天上人間如咫尺
별인지, 사람인지, 나는 모르겠네.　　　星耶人耶吾不識

　　나는 이 시를 읽으면서 참으로 깊은 한숨을 쉬었
다. 남명에 대한 후인들의 그리움이 이렇게 절실할
줄은 미처 몰랐기 때문이다. 만성은 남명이 돌아가신
지 2백여 년 뒤에 태어난 사람이다. 그런데도 그의
눈에는, 그의 마음에는 소미성이 남명으로 보였던 것
이다. 그래서 그는 소미성을 바라보며 '별인지 사람
인지 나는 모르겠네'라고 눈시울을 적신 것이다.
　　후인들은 왜 그토록 남명을 그리워했을까?
　　진정으로 이 나라 이 백성을 근심하는 양심 있는
지식인이라면, 그가 현실사회에서 택할 수 있는 길의
저 끝에 늘 남명이 있었기 때문이다. 정치적 흑심을
품지 않고 순수하게 이 땅의 정의를 위해 살고자 하
는 양식 있는 사람의 이정표로서 남명이 보여준 길
이 가장 뚜렷하기 때문이다.
　　남명은 우리나라를 대표하는 처사다. 어디 우리
나라에만 해당되랴? 전 세계 어느 시대 어느 나라에
서든 최고의 처사다. 자신을 갈고 닦아 도덕과 기강
을 부지한 인간의 표준이다. 그래서 나는 소미성이
이 땅에 내려와 남명이 된 것에 대해, 노벨평화상 10
개를 주어도 바꾸고 싶지 않다. 그보다 더 귀하기 때
문이다. 남명이 우리 역사에 살아 있는 한, 이 땅에는

남명과 지리산

진정한 처사가 늘 있을 것이고, 우리는 도덕을 숭상하는 수준 높은 문명국을 건설할 수 있을 것이기 때문이다.

'진정한 처사'란 무엇인가? 공자의 말씀을 빌면 '도를 간직한 사람'이다. 즉 사회의 도덕과 정의를 늘 유지하여 건강한 사회가 되게 하는 권력의 맞은편에 있는 사람이다. 이런 처사의 가장 큰 무기는 도덕과 정의다. 권력은 늘 중심으로 이동해 균형을 유지하려 하지 않고, 그 반대쪽으로 나아가려는 속성이 있다. 그것을 건전하게 균형을 잡아주는 것, 그것이 처사가 할 일이다. 그런데 처사는 세속적·이기적 투쟁을 하지 않는다. 자신의 몸에 도덕을 간직해 그것을 가지고 막강한 권력에 대항한다. 이것이 바로 공자가 말씀하신 "어진 사람은 그 무엇으로도 대적할 수 없다[仁者無敵]"는 것이다. 그래서 처사는 저속한 투쟁보다 자신의 몸에 도덕을 갖추는 일을 그 무엇보다 중시한다. 남명이 바로 그런 사람이다.

제2장 남명의 출생과 지리산

남명과 지리산의 만남

1. 남명의 생애와 학문성취 과정

남명의 일생은 크게 다음과 같이 네 시기로 구분
할 수 있다.

제1기 수학기修學期(漢陽居住期) : 출생 ~ 30세
제2기 연마기硏磨期(山海亭時代) : 30세 ~ 45세
제3기 부화기孵化期(雷龍亭時代) : 48세 ~ 61세
제4기 체험기體驗期(山天齋時代) : 61세 ~ 72세

이러한 시대구분은 거의 일반화 된 것이지만, 각
시기의 명칭에 대해서는 다소 생소한 느낌이 들 수
있다. 그래서 삶의 중요한 국면에 대해 간략한 설명
을 덧붙이도록 한다.

남명은 1501년 음력 6월 26일壬寅 진시辰時(07~09

시)에 현 경상남도 합천군 삼가면 토동에 있는 외가에서 태어났다. 그곳에서 성장하다가, 대략 5~6세경에 한양으로 이주를 하여 약 20년 동안 서울에서 살았다. 한양으로 이주한 것은 부친이 문과에 급제하여 벼슬길에 나아갔기 때문이다. 남명은 18세 때 잠시 부친의 임소인 단천端川(함경남도)에 다녀왔을 뿐, 대부분 한양에서 학업에 정진하였다.

남명은 20세 때 생원시·진사시 및 문과의 초시初試에 나아가 모두 합격하였다. 다음해 생원시·진사시의 2차 시험인 회시會試에는 나아가지 않고, 문과 회시에만 나아갔다가 낙방하였다. 이후 주로 한양 인근의 절에서 과거공부를 하였는데, 생원시·진사시는 포기하고 문과시험에만 응시하였으나 회시에서 번번이 낙방하였다. 그러던 중 25세 때 자신의 문장이 격식에 맞지 않다고 생각해, 평이하고 간결하고 박실한 글을 구해 읽게 되었다. 그런 과정에서 그는 비로소 『성리대전』을 접하게 되었다(26세 때 비로소 『성리대전』을 보았다는 설도 있다).

『성리대전』은 세종 때 우리나라에 들어왔으나, 워낙 분량이 방대하고 어려워 학자들이 쉽게 접하기 어려운 책이었다. 1517년(중종 12) 시강관侍講官 홍언필 洪彦弼(1476~1549)이 경연經筵에서 '『성리대전』을 해석할 사람이 없다'고 아뢴 것을 보면, 그런 사정을 여실히 알 수 있다(『중종실록』 중종 12년 2월 병인일). 더구나

남명과 지리산

1519년 기묘사화 이후로는『성리대전』·『근사록』·
『심경』등 성리서를 임금이 쓰는 면류관처럼 기피하
여 아예 손도 대려 하지 않았다(『남명집』). 당시에는 임
금이 쓰는 면류관을 만지면 참람한 짓이라고 처벌을
받았다. 이를 보면 기묘사화 이후에는 성리서를 보면
불순세력으로 몰리기 십상이었던 것을 알 수 있다.
이런 분위기는 마치 1970년대 긴급조치가 내려졌던
것과 유사하다.

남명은『성리대전』을 읽다가, 원나라 학자 허형許
衡(1209~1281)이 '대장부로 이 세상에 태어났으면 이윤
伊尹이 목표로 했던 것처럼 웅지
雄志를 품던지, 아니면 안연顔淵
의 학문을 배우던지, 둘 중에 한
가지 길을 택해야 한다'는 충격
적인 말을 접하게 되었다. 나는
이를 남명의 학문과 사상에 일
대 전환을 가져다 준 엄청난 사
건으로 평한다. 이는 남명에게
주어진 가장 큰 충격이었으며,
가장 큰 화두話頭였다.

이윤처럼 세상에 나아가 뜻
을 펴서 태평성대를 만들 것인
가, 안연처럼 재야에 물러나 학
문에 심취하여 도덕을 부지할

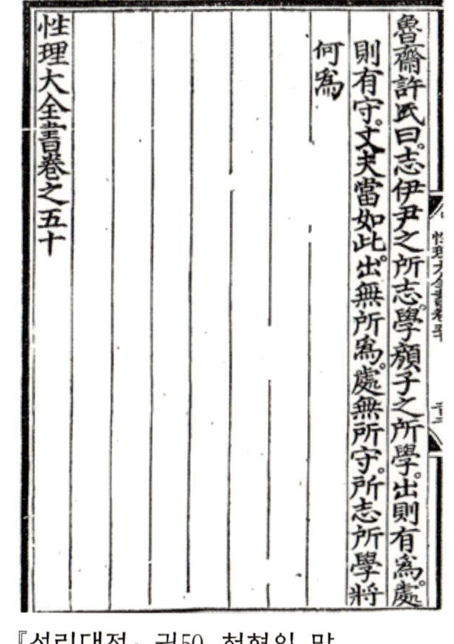

『성리대전』권50, 허형의 말

제3장 남명과 지리산의 만남

것인가? 남명은 비로소 참다운 화두를 들기 시작하였다. 남명은 밤새 잠을 못 이루고 고심을 하다가, 다음날 아침 함께 과거공부를 하던 동료들에게 작별을 고하고 하산하였다. 쉽게 풀 수 없는 화두를 들었기 때문에 과거공부가 제대로 될 리 없었을 것이다.

현실은 이윤처럼 뜻을 펼 수 있는 분위기가 전혀 아니었다. 훈구세력이 신진사림을 축출한 뒤, 다시 그 내부에서 권력투쟁이 치열하게 진행되고 있던 시기였으니, 남명이 바라보는 현실은 참담할 수밖에 없었다. 그러나 부모가 살아 계시니, 자기 마음대로 과거를 포기할 수도 없는 일이었다. 그래서 그의 화두는 더 절실할 수밖에 없었다.

남명이 26세 되던 해인 1526년 3월, 부친이 별세하였다. 남명은 부친의 영구靈柩를 모시고 삼가로 내려가 삼년 동안 시묘살이를 하였다. 이 기간에도 그는 화두를 붙잡고 치열한 싸움을 하고 있었을 것이다.

남명은 「서규암소증대학책의하書圭菴所贈大學册衣下」에서 "드디어 사마시司馬試를 보지 않기로 하고, 단지 동당시東堂試에만 나아가 <초시에서> 세 번 일등을 차지하였다. 그 뒤 문과 초시에 합격하기도 하고 떨어지기도 하였는데, 나이가 어느덧 서른이 넘었다"라고 하였다. 사마시는 생원시·진사시를 말하고, 동당시는 문과시험을 말한다. 이 발언의 이면에는 25세 때 허형의 글을 본 뒤로, 김해에 정착하는 30세까

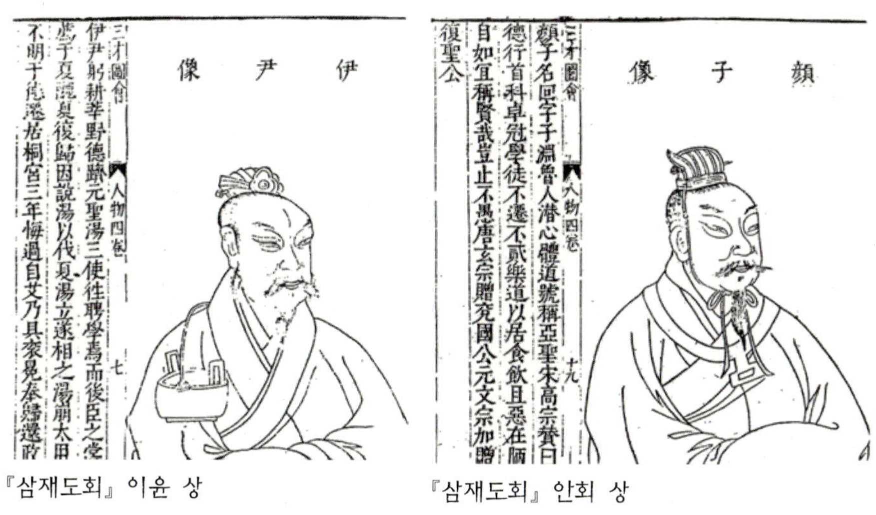

『삼재도회』 이윤 상　　　　『삼재도회』 안회 상

지 끝없이 이윤의 길이냐, 안연의 길이냐를 두고 갈등을 하였다는 것을 간접적으로 시사해 준다.

남명은 28세 때인 1528년 6월 삼년상을 마치고 한양의 집에 가 있었는데, 마침 성우成遇(1495~1546)가 찾아와 함께 지리산을 유람하였다. 이 유람은 남명이 먼저 제안한 것이다(「남명선생편년」). 성우는 남명의 절친한 벗 성운成運(1487~1579)의 친형이다. 성우·성운은 남명의 옆집에 살아 어려서부터 친하게 지내던 벗들이었다.

남명은 지리산 유람을 마친 뒤, 한양의 집으로 돌아갔을 것이다. 그러나 그는 이듬해 정월에 한양에 있지 않고 의령 자굴산闍崛山에서 독서하고 있었

제3장 남명과 지리산의 만남

자굴산 명경대

다(『남명선생편년』). 이를 보면 지리산 유람을 마친 뒤 오래지 않아 한양을 떠나 낙향할 결심을 굳힌 것으로 보인다. 남명이 자굴산 명경대明鏡臺 암자를 독서처로 택한 것은 고향 삼가에서 멀지 않기 때문이다.

남명은 자굴산에서 1년가량 독서를 하다가, 30세 때인 1530년 처가가 있는 김해金海로 내려가 처가의 도움으로 신어산神魚山 밑에 산해정山海亭을 짓고 학문에 침잠하였다. 남명은 독서당의 이름을 산해정山海亭이라 하고, 거처하는 방의 이름은 계명실繼明室이라 하였다.

그리고 책상머리에 다음과 같은 좌우명座右銘을 써 붙여 놓았다.

산해정

<table>
<tr><td>말은 항상 미덥게 행동은 항상 삼가며,</td><td>庸信庸謹</td></tr>
<tr><td>사악한 마음을 막고 성심을 보전하라.</td><td>閑邪存誠</td></tr>
<tr><td>산처럼 우뚝하고 연못처럼 깊으면,</td><td>岳立淵沖</td></tr>
<tr><td>봄날의 영화처럼 찬란하고 찬란하리.</td><td>燁燁春榮</td></tr>
</table>

이 좌우명의 제3구에 '산처럼 우뚝하고 연못처럼 깊게[岳立淵沖]'라고 하였는데, '산처럼 우뚝하게[岳立]'라는 것은 외적인 부동의 자세를 말하고, '연못처럼 깊게[淵沖]'라는 것은 내면의 깊은 정신세계를 의미한다. 따라서 이 둘을 종합해 볼 때, '산해정'이라는 이름은 '산처럼 높게 바다처럼 깊게'라는 자신의 학문지향을 단적으로 내건 것이다. 이는 슬로건이다.

그리고 '계명실(繼明室)'의 '계명'은 『주역』 이괘離卦 상사象辭에 "대인이 이괘離卦의 뜻으로써 자신의

제3장 남명과 지리산의 만남

명덕을 이어 밝혀 사방에 비춘다[大人 以 繼明 照于四方]"는 뜻에서 취한 것이다. 즉 자신이 그 방안에서 성현이 밝혀 놓은 도를 가지고 자신의 명덕을 이어 밝혀 온 세상에 비추겠다는 것이다.

산해정·계명실 그리고 위의 좌우명을 살펴보면, 이 당시 남명이 지향했던 마음이 무엇인지를 확연히 알 수 있다. 단적으로 말하자면, 성인이 밝혀 놓은 도를 가지고 자신의 명덕을 이어 밝히겠다고 다짐한 것이다. 그것이 바로 안연顔淵이 되는 길이다.

이 시기에 남명은 사서오경과 성리서에 깊이 침잠했다. 그리고 그의 목표는 안연처럼 되는 것이었다. 남명은 1531년 10월 벗 이준경李浚慶(1499~1572)으로부터 『심경』을 선물 받고 "이 책은 마음을 죽지 않게 하는 약이리라"라고 하면서 "안자顔子와 같이 되는 길이 바로 여기에 있다"라고 썼다(「書李君原吉所贈心經後」). 남명은 25세 때 『성리대전』을 읽다가 안연

산해정

남명과 지리산

의 길과 이윤의 길을 알게 되어 깊은 고민에 빠졌고, 수년 간의 갈등 끝에 안연의 길을 가기로 결심하였다. 산해정 시대는 바로 안연이 되기 위한 본격적인 학문연마의 시기였기에, 그는 한양의 벗들이 보내주는 책을 받고 위와 같은 다짐을 한 것이다.

산해정 시대에 남명은 아홉 살 된 아들을 잃기도 하는 등 힘든 역경이 있었지만, 그는 경학과 성리학에 깊이 침잠하였다. 그러면서 청도淸道에 살던 김대유金大有(1479~1552), 밀양에 살던 신계성申季誠(1499~1562), 초계草溪에 살던 이희안李希顔(1504~1559) 등과 만나 학문적·동지적 결속을 다졌다.

남명은 45세 때인 1545년 11월 모친이 별세하여, 삼가로 모시고 가 삼년상을 치렀다. 그는 1548년 2월 삼년상을 마친 뒤 김해로 가지 않고, 고향인 삼가에 거처를 새로 정하였다. 그리고 새로 지은 집의 이름을 '계부당鷄伏堂'·'뇌룡정雷龍亭'이라고 붙였다. 계부당은 닭이 알을 품고 부화를 하듯이 수양한다는 뜻이고, 뇌룡정은 『장자莊子』「재유在宥」의 '시거이용현尸居而龍見 연묵이뇌성淵默而雷聲'에서 취한 것으로, 시동尸童처럼 가만히 있다가도 용이 나타나는 것처럼 신비한 조화를 부리고, 연못처럼 깊숙이 침잠해 있다가도 천둥이 치듯이 크게 울린다는 뜻이다.

계부鷄伏 및 시거尸居·연묵淵默은 매우 정적靜的이고, 용현龍見·뇌성雷聲은 동적動的이다. 그러나 동

뇌룡정

적인 요소보다 정적인 요소가 훨씬 강하게 묘사되어
있다. 무엇을 말하는 것일까? 평소에는 닭이 알을 품
고 새 생명을 부화하듯이, 그렇게 정성을 기울여 마
음을 보전하고 본성을 기르겠다는 것이다. 그 자세는
시동처럼 조금도 흔들림이 없고, 용이 깊은 연못에
잠겨 있듯이 고요하기만 하다. 아주 오랫동안 가랑잎
하나 움직이지 않는 숨막히는 정적이다.

그런데 닭이 알을 품고 있듯이, 살아 숨쉬고 있
다. 숨소리가 들리지 않을 정도로 고요하지만, 또렷
한 정신은 살아 있다. 활발하게 살아 있다. 그러기 때
문에 용처럼 신비하게 그 모습을 드러낼 수 있으며,
천둥처럼 이 세상에 큰 울림을 줄 수 있다.

이처럼 남명은 정적인 데에 머물러 태산 같은 부

남명과 지리산

동의 정신을 갈고 닦았다. 그러나 그것은 죽어 있는 정신이 아니고 활발하게 살아 있는 정신이었다. 그 정신은 정적인 고요를 바탕으로 하면서도 동적인 움직임을 내포하고 있다. 오랫동안 정적인 상태에서 축적된 에너지는 한 번 움직이면 그 분출이 상상을 초월한다.

용은 신비한 조화를 부리는 동적인 동물이다. 따라서 용의 이미지는 역동적인 움직임을 상징한다. 평소 용이 잠겨 있는 깊은 연못처럼 극도의 정적을 유지하는 수양이 계속 이어지다가, 때로는 용이 일어나 신비한 조화를 부리듯이 활발한 역동성을 갖는다. 이것이 남명이 추구하고 싶었던 정신력이다. 그래서 이 시기는 산해정시대와 그 성격을 달리한다. 산해정시대가 성인의 도를 가지고 자신의 명덕을 밝히는 시기였다면, 뇌룡정시대는 그것을 다 녹여서 자신의 도

뇌룡정

제3장 남명과 지리산의 만남

를 창조하는 시기다. 산해정 시대가 학문을 연마研磨하는 시기라면, 이 시기는 자기 사상을 부화孵化하는 시기이다.

남명은 61세 되던 해에 삼가에서 현 산청군 시천면 사리絲里로 들어갔다. 이곳은 지리산 깊숙한 곳이다. 당시 남명은 덕산으로 이사를 할 하등의 이유가 없었다. 왜 들어간 것일까? 그것은 바로 새롭게 부화한 자신의 도를 자기 몸을 통해 완성해 보이고 싶었기 때문이다. 즉 자신이 창조한 사상을 실험하기 위한 것이었다. 그가 덕산으로 이사할 적에 지은 「덕산복거德山卜居」라는 시에 다음과 같이 노래하고 있다.

봄 산 어느 곳엔들 향기로운 풀이 없겠는가마는,	春山底處無芳草
〈내가 이곳으로 이사를 온 이유는〉	
천왕봉이 상제 있는 곳에 가까운 것을 사랑하기 때문.	只愛天王近帝居
맨손으로 왔으니 무엇을 먹고 살 것인가?	白手歸來何物食
은하 같은 저 십리 물 아무리 퍼마셔도 오히려 남으리.	銀河十里喫猶餘

남명은 자신이 덕산으로 이사한 이유를, 천왕봉이 상제上帝가 사는 하늘에 가까이 다가 가 있는 것을 사랑하기 때문이라 하였다. 남명이 이사를 한 이유는 바로 천왕봉天王峯 때문이었다. 남명은 천왕봉에 마음이 있었던 것이다.

남명은 덕산에 들어가 새집을 짓고 '산천재山天齋'라 이름하였다. '산천'이라는 말은 『주역』 대축괘大畜卦에서 따온 것이다. 대축괘의 모양이 외괘는 산

산천재

山에 해당하는 간괘艮卦이고, 내괘는 천天에 해당하
는 건괘乾卦다. 곧 산山과 천天이 하나로 합한 것이
대축괘다. 대축괘의 괘사卦辭를 보면, "강건剛健하고
독실篤實하고 휘광輝光하여 날마다 그 덕을 새롭게
한다"고 하였다. 바로 이 구절에 남명의 마음이 있었
다. 남명이 덕산으로 들어간 궁극적인 이유는, 자신
을 더 강건하고 독실하고 빛나게 갈고 닦아 날마다
그 덕을 새롭게 만들기 위해서였던 것이다.
　　남명은 자신의 도를 몸소 실천함으로써 자신의
사상을 완성하고 싶었다. 그리고 그 동반자로 천왕봉
을 택한 것이다. 그리하여 그는 그곳에서 12년 동안
이나 자신을 강건하고 독실하고 빛나게 하여 매일
같이 새롭게 갈고 닦았다. 이것이 바로 자기 몸을 통

해 실험한 것이다. 다음과 같은 일화가 이를 잘 대변
해 준다.

　　남명이 운명하기 직전에 제자들이 여쭙기를 "청컨
대 선생님께서 저희들에게 마지막으로 한 말씀 일러
주십시오"라고 하자, 선생께서 말씀하시기를 "모든 의
리는 그대들이 평소 강구한 것이다.〈그래서 잘 알 것
이다〉다만 그것을 독실히 믿는 것이 귀한 것이다"라
고 하셨다. 그리고 또 말씀하시기를 "경敬·의義 두 자
가 지극히 절실하고 긴요하다. 학자들은 이에 대해 공
부를 익숙히 해야 하니, 공부를 익숙히 하면 한 물사物
事도 가슴속에 남아 있지 않을 것이다. 나는 그 경지에
도달하지 못하고 죽는구나"라고 하셨다.【先生之病甚也
諸生曰 請先生 有以敎小子 先生曰 凡百義理 君輩平日所講究 但
篤信爲貴 又曰 敬義二字 極切要 學者要在用功熟 熟則無一物在
胸中 吾未到這境界以死矣(「남명선생편년」)】

　　'독실히 믿는 것[篤信]'은 '아는 것'과 다르다. '아
는 것'은 지知에 속하고, '믿는 것'은 행行에 속한다.
'독실히 믿는 것이 귀하다'라는 말은 아는 데서 그치
지 말고 믿음을 갖고 실행하라는 말이다. 또 자신이
깨달은 도인 경·의를 언급하면서도 '익숙히 공부하
기[用功熟]'를 강조하고 있다. 바로 실천을 말한 것이
다. 남명은 산천재에서 12년 동안 이런 실험을 자신
의 몸으로 직접 경험했기 때문에 이와 같은 말씀을
한 것이다. 여기에 남명의 성인다움이 있는 것이다.
　　남명의 생애와 학문성취 과정은 크게 네 시기로

남명과 지리산

나눌 수 있다. 25세 이전까지의 수학기는 대체로 기초학습과 과거공부를 하던 시기이다. 25세 이후 약 5~6년간은 갈등기라 할 수 있다. 30세 이후 산해정시대는 학문을 연마한 시기이고, 48세 이후 뇌룡정시대는 자신의 도를 부화한 시기이고, 61세 이후 산천재시대는 그 도를 자신의 몸으로 실험한 시기이다.

2. 남명과 지리산의 만남

남명은 28세 때인 1528년 6월 삼년상을 마쳤다. 그리고 다시 한양의 집에 가 있었다. 그때 그의 친구 성우成遇(1495~1546)가 찾아와, 함께 지리산을 유람하였다. 남명의 「유두류록遊頭流錄」에 "옛날 성중려成仲慮와 함께 상봉에서 이 절을 찾아온 적이 있으니, 그것은 거의 30년 전 일이다"라고 하였는데, 이는 1558년 4월 23일 신응사神凝寺에서 옛 일을 회상하면서 한 말이다. 따라서 1528년 여름이나 가을에 남명은 성우와 함께 천왕봉에 올랐다가 세석평전 → 영신사靈神寺 → 대성골을 거쳐 신응사에 이르렀음을 알 수 있다.

아마도 이것이 남명과 지리산의 첫 만남일 것이다. 이 당시 남명은 이윤의 길을 갈 것인가 안연의 길을 갈 것인가에 대한 번민, 가정을 책임져야 하는 삶에 대한 번민, 무도한 정권이 전횡을 하고 있는 현실정치에 대

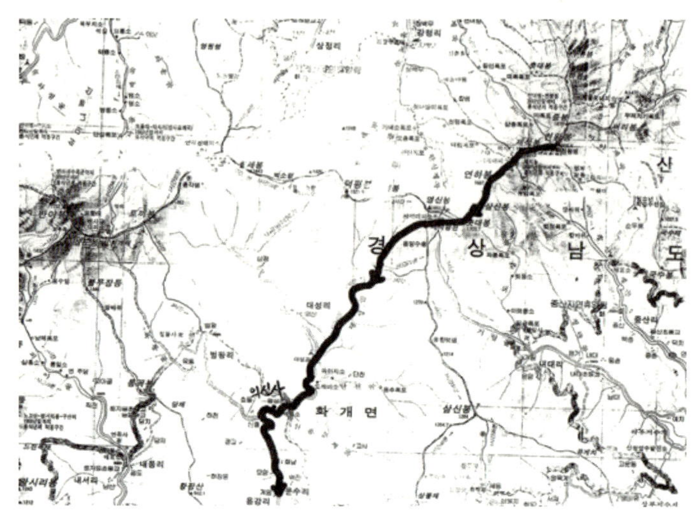

남명의 첫 번째 지리산 등산 경로

한 번민 등 온갖 고뇌에 사로잡혀 있었을 것이다.

대체로 조선시대 선비들이 큰 산을 유람하는 경우는, 중년에 이르러 자신의 이상을 펼 수 없게 되었을 때, 그 불화를 달래기 위해 떠나는 것이 일반적이다. 즉 20대에 한양에서 지리산으로 유람을 떠난 경우는 극히 드물다. 28세 때의 남명의 지리산 유람은 현실세계에서의 답답함을 풀기 위한 측면도 있지만, 안연의 길을 가기 위한 결심을 굳히려는 측면도 있어 보인다.

남명이 1558년에 쓴 「유두류록」에 의하면, 남명이 58세 이전에 지리산을 유람한 것에 대해 다음과 같이 말하고 있다.

남명과 지리산

나는 일찍이 이 산을 왕래한 적이 있었다. 덕산동德山洞으로 들어 간 것이 3번, 청학동·신응동으로 들어 간 것이 3번, 용유동龍遊洞으로 들어 간 것이 3번, 백운동白雲洞으로 들어 간 것이 1번, 장항동獐項洞으로 들어 간 것이 1번이었다.【余嘗往來玆山 曾入德山洞者三 入靑鶴·神凝洞者三　入龍遊洞者三　入白雲洞者一　入獐項洞者一 (『남명집』 권2, 「遊頭流錄」)】

남명은 58세 때 쌍계사 방면을 유람하기 전까지 지리산을 모두 11번 유람하였다. 그리고 1558년 쌍계사 방면 유람이 12번째였다. 혹자는 위 인용문의 '입청학신응동자삼入靑鶴神凝洞者三'을 "청학동으로 들어간 것이 세 번, 신응동으로 들어간 것이 세 번"으로 번역하여, 남명이 모두 15번 지리산을 유람하였다고 하는데, 그것은 잘못 생각한 것이다. 우선 한문문법으로 볼 적에 각각 다른 경우라면 둘을 한꺼번에 쓰지 않고 '입덕산동자삼入德山洞者三'·'입용유동자삼入龍遊洞者三'의 경우처럼 별도로 구별해 썼을 것이다. 그 다음 남명이 말하는 청학동은 쌍계사 윗쪽의 불일폭포 근처이다. 따라서 청학동을 따로 유람하고, 신응동을 따로 유람하였다고 보는 것은 상식적으로 맞지 않는다. 청학동과 신응동은 한꺼번에 둘러볼 수 있는 지척의 거리에 있다.

덕산동은 현 산청군 시천면 소재지 일대이고, 장항동은 현 산청군 삼장면 평촌리 서쪽부터 대원사 계곡(吳二煥, 「南冥遺跡三洞辨證」, 『남명학연구』 제10집)이

제3장 남명과 지리산의 만남

他日盍簪正似難期寧不慨然情別乎剛而酌酒持
滿曰此別寧有說乎擊目忘言果有是也衆皆忘言
遞上馬去到七松亭登上高臺舟渡多會灘寅叔洽
江而下剛而更到一里而別吾與愚翁蹄蹄而来茫
然已失之矣夕宿雷龍舍又別愚翁弦矢初分落落
晨星當此沉懷正似春女然諸君以余頓入頭流因
知山間亭者也令余記之余嘗往来茲山曾入德山
洞者三入青鶴神凝洞者三入龍遊洞者三入白雲
洞者一入㽵項洞者一豈直為貪山貪水而往来不
憚煩也百年齋計唯欲借得華山一半以作終老之

萬疊臺

五十六

地已事與心違知不得住徘徊顧慮涕淚而出如是
者十矣於今兙繫田舍作一行屍此行又是難再之
行寧不恓恓嘗有詩曰頭流十破黃牛脇嘉樹三巢
寒鵲居又曰全身百計都為課方丈於今已肯盟諸
君皆是失路之人何但僕栖栖無所歸耶祇為沉酗
者先道之為副封馬南冥曹植楗仲記

『남명집』 「유두류록」

고, 백운동은 현 산청군 단성면 백운리 계곡이고, 용
유동은 대체로 현 하동군 횡천면 명호리나 그 위쪽
평촌리·중이리 근처의 횡천강 일대(오이환, 위 논문)로
추정된다.

앞에서 살펴보았듯이, 남명의 첫 번째 지리산유
람은 28세 때 천왕봉에 올랐다가 대성골을 거쳐 신
응사로 내려간 것이다. 그리고 그 다음은 아마도 39
세 때인 듯하다. 「남명선생편년」 39세조에 "여름에
여러 문생을 데리고 지리산 신응사에서 글을 읽었
다"고 하였다. 「편년」을 지은 사람이 무엇에 근거해
이렇게 썼는지는 알 수 없으나, 남명의 「유두류록」

23일조에 "옛날 성중려成仲慮(成遇)와 함께 상봉에서부터 이 절을 찾은 것이 거의 30년 전이었고, 후에 하중려河仲礪와 함께 이 절에서 여름 내내 머문 것이 벌써 20년이나 지났다"라고 한 것을 보면, 대략 39세 무렵임을 짐작할 수 있다. 하중려는 하천서河天瑞로 남명의 자형인 이공량李公亮의 사위이다.

남명이 58세 이전 11번의 지리산유람 가운데 나머지 9번은 언제 이루어졌는지, 전혀 알 수가 없다. 대체로 1539년 이후 1558년 이전 20년 사이에 유람한 것으로 추정할 뿐이다. 그러나 모친상을 마치기 전까지 남명은 두류산유람을 할 여유가 거의 없었을 것으로 생각된다.

1544년 6월 맏아들 차산次山을 잃었는데, 차산은 그전부터 병이 깊었던 듯하다. 남명이 밀양에 살던 벗 신계성申季誠에게 보낸 편지를 보면, 1542년 보낸 편지에서는 약재를 구해 달라는 청을 하고 있으며, 그 뒤에 있는 편지에서는 다음과 같이 말하고 있다.

① 저는 다행히 죽지 않고 살아 있으나, 집안이 망해 가는 것을 우두커니 지켜보고만 있는 처지가 된지라, 항상 죽는 것만 못하다고 생각한 지 오래입니다. 어머니의 병환은 끊이질 않고, 처의 병세도 점점 더해 밤새도록 눈물을 흘립니다. 훌쩍 먼 곳으로 달려가고 싶지만 그렇게 할 수도 없고, 공을 만나고 싶은 마음 항상 절실하지만, 늘 그렇게 하질 못하고 있습니다. 사사건건 참으로 고통스럽습니다. 이처럼 얽

제3장 남명과 지리산의 만남

매어 있다 보니, 산장(산해정)에 가지 못한 지도 벌써 해를 넘겼습니다. 그러니 그 누구에게 하소연하며, 어디에서 회포를 풀겠습니까? 【僕則雖幸不死 坐作亡家 之物 恒不如死之久矣 母病猶未絕 妻病侵尋 血泣終宵 雖欲奮身 遠走 而未得 欲奉君侯恒切 而恒未果焉 事事眞堪痛也 拘繫至此 不棲山庄 已出歲矣 何人相訴 何地弛懷耶(『남명집』 권2, 「與申 松溪書」)】

② 아이의 병이 날로 심해진 지 오래되어, 이제는 한결 같이 조물주의 처분만 기다릴 뿐입니다. 노모께서 전에 앓으시던 학질 증세는 발작이 끊이질 않고, 저의 두통도 날이 갈수록 심해집니다. 한 가정의 일년 동안 하는 일이 이런 병치레 이외는 다른 일이 없습니다. 【兒病爲日苦久 一俟司命者處分 老母前患瘧證 往來未絕 僕 之頭病 隨日侵加 一家終歲所業 此外無他矣(『남명집』 권2, 「與申松溪書」)】

①은 14일 보낸 것이고, ②는 25일 보낸 것으로 되어 있는데, 어느 해인지는 기록되어 있지 않다. 그러나 1542년 4월 24일 보낸 편지가 바로 앞에 있는 것으로 보아, 아마도 그 뒤의 일인 듯하다. 또한 내용 상으로도 앞의 편지에 비해 뒤의 편지에 나타나는 집안의 우환이 훨씬 심하게 묘사되어 있다. 이를 통해 볼 때, 남명은 1542년부터 모친이 별세한 1545년 11월까지 몇 년 동안은 자신의 독서당인 산해정에도 갈 수 없을 정도로 어머니·아내·아들의 병간호에 힘든 나날을 보낸 것으로 짐작된다.

따라서 남명이 1539년 신응사를 유람한 뒤로 모 친상을 마치는 1548년 2월까지는 사실상 두류산유람

남명과 지리산

이 불가능했을 것으로 여겨진다. 그렇다면 남명이 지리산을 본격적으로 유람하며 은거지를 고른 것은 1548년 이후일 것이다. 이로부터 1558년까지 9번이나 지리산을 드나들며 은거지를 물색하였으나, 번번이 집안사정으로 떠나지 못했다.

남명은 「차호음제사미정운次湖陰題四美亭韻」 제2수에 "황소 갈비뼈처럼 생긴 두류산을 열 번이나 답파했는데도 들어갈 수 없으니, 이는 정히 전생의 인연이 있어 귀의하길 허락지 않는 것이리[頭流十破黃牛脇 定是前緣未許歸]"라 하고, 「유두류록」 말미에서 "죽은 소의 갈비뼈처럼 생긴 두류산을 열 번이나 답파했으나, 썰렁한 까치집 같은 가수嘉樹에 세 번이나 둥지를 틀었네[頭流十破死牛脇 嘉樹三巢寒鵲居]"라 하였다. 이를 보면, 저간의 사정을 알 수 있다. 가수嘉樹는 삼가三嘉를 말한다.

남명은 1552년 부실副室 송씨宋氏의 몸에서 아들 차석次石을 얻었다. 이를 보면, 1551년 이전에 송씨와 혼인한 사실을 알 수 있다. 그리고 1557년 아들 차마次磨를 낳았고, 1560년에는 아들 차정次矴을 낳았다.

남명은 48세 이후 삼가 토동에 정착한 뒤, 지리산에 들어가 은거할 생각을 여러 차례 하였으나, 부실을 두게 되고 자식들이 태어나게 되어 이러지도 저러지도 못하는 처지가 된 듯하다. 이런 자신의 신세를 남명은 「유두류록」 말미에서 다음과 같이 말하고 있다.

남명의 후취부인 송씨의 묘

몸을 온전히 하고자 한 온갖 계책 모두 어긋났으니,　　全身百計都爲謬
이제는 방장산에 들어가 살겠다던 약속 어기었구나.　　方丈於今已背盟

　　남명이 58세 이전에 지리산을 10번 이상 유람한 것은 상봉에 올라 흉금을 펴기 위함도 아니고, 신선세계를 찾아 답답한 마음을 풀기 위해서도 아니었다. 세상을 등지고 깊이 숨으려는 것은 더욱 아니었다. 그렇다면 무엇 때문에 지리산 깊숙이 은거하려 한 것일까? 그는 자신의 입으로 다음과 같이 말하고 있다.

　　산수만을 탐하여 왕래한 것이라면 어찌 번거로운 산행을 꺼리지 않았겠는가? 평생 동안 품고 있던 계획인, 화산華山(중국의 5대산 중 하나)의 한 모퉁이를 빌어 일생을 마칠 곳으로 삼으려 했던 것일 뿐이었다. 그러나

일이 마음대로 되지 않아 그 속에 살 수 없음을 알고,
서성거리며 돌아보고 안타까워하다가 눈물 흘리며 나
온 것이 10번이었다. 【豈直爲貪山貪水而往來不憚煩也 百年
齎計 唯欲借得華山一半 以作終老之地已 事與心違 知不得住 徘
徊顧慮 涕洟而出 如是者 十矣(『남명집』 권2, 「遊頭流錄」)】

남명은 산수를 탐하여 지리산을 10번 이상 유람
한 것이 아니고, 지리산 한 모퉁이를 빌어 일생을 마
칠 장소로 삼기 위해 유람하였다고 하였다. 그것은
앞의 시구에 보이듯이, 자신을 온전히 하고자 한 것
이다. 즉 자신의 타고난 성명性命을 온전히 보전하고
자 한 것이다. 이는 자신을 수양해 도를 보전하고자
한 것으로, 25세 때 다짐한 안연顔淵이 되기를 희구
하는 것이다.

그렇다면 왜 굳이 지리산 깊숙한 골짜기로 자꾸
숨으려 한 것일까?

여기서 그 당시의 정치적·사회적 분위기를 살펴
볼 필요가 있다. 1545년 인종이 죽고 12살의 명종이
즉위하여 문정왕후가 수렴청정을 하였다. 이에 윤임
尹任(1487~1545) 일파의 대윤大尹은 실각하고, 윤원형尹
元衡(?~1565) 일파의 소윤小尹이 득세하여, 대윤일파를
제거한 것이 1545년의 을사사화다. 이 을사사화로, 남
명의 절친한 벗 이림李霖(1495~1546)·성우成遇(1495~1546)
·곽순郭珣(1502~1545)·이치李致(1504~1550) 등이 화를
당하였다. 또 1547년 양재역 벽서사건을 계기로 대윤

제3장 남명과 지리산의 만남

의 잔당으로 지목된 송인수宋麟壽(1499~1547) 등 사림의 명사들이 죽거나 유배되었다. 이것을 정미사화라 하는데, 이 때 남명의 벗 송인수가 처형되었다.

중종의 뒤를 이어 1544년에 즉위한 인종仁宗(1515~1545)은 학문을 좋아하는 군주였다. 그렇기 때문에 1519년 기묘사화로 위축되었던 사림파는 그에게 거는 기대가 남달랐다. 그러나 그는 즉위한 지 만 1년도 되지 않아 세상을 떠났다. 인종이 죽자, 그에게 한껏 기대를 걸었던 사림파 지식인들은 조정을 떠나고 문정왕후가 주도하는 정권에 등을 돌렸다. 1980년 민주화가 하루아침에 오는 듯싶더니, 군사독재정권이 들어선 것과 똑같은 상황이었다.

인종의 죽음에 대해 야사에서는 문정왕후가 독살했다는 설이 널리 전해진다(이덕일, 『조선왕조독살사건』). 당시 조정이나 재야에 있던 지식인치고, 인종의 죽음을 자연사로 받아들이는 사람은 없었을 것이다. 그래서 민심은 흉흉해지고, 양심적 지식인은 등을 돌리고 재야에 숨었다.

이 시기는 남명이 모친상을 당해 삼년상을 치르고 있던 시기이다. 남명은 1544년 아들을 잃은 뒤 실의에 빠졌고, 또 모친과 아내의 병환에 심신이 피로했다. 이런 개인적 불우에다 정치적으로 도저히 용서할 수 없는 사건이 일어나 친한 벗들이 화를 당했으니, 세상을 떠나 깊이 숨고 싶었을 것이다. 그래서 그

남명과 지리산

는 모친상이 끝난 1548년 이후 지리산을 이곳저곳 답사하며 은거지를 찾은 듯하다. 그런 것이 1558년까지 약 10번 정도 되었던 듯하다.

그가 지리산을 택한 것은 세속과 일정한 거리를 둔 곳이기 때문이다. 세상의 시끄러운 소리가 들리지 않는 무릉도원과 같은 곳을 염원한 것이라 볼 수 있다. 그러나 그것은 어디까지나 마음속의 바람이었을 뿐, 그는 현실을 떠나지 못했고, 세상의 혼란스러운 소리에 귀를 막지 않았다.

남명은 1561년 삼가에서 덕산으로 이사를 한다. 이사를 할 별다른 이유가 없다. 삼가에 비해 덕산은 농토가 적은 산간 마을이다. 왜 이사를 한 것일까? 가장 일반적인 이유를 든다면, 10여 년간 지리산에 들어가 은거하겠다는 꿈을 실행에 옮긴 것이라 할 수 있다. 그러나 이는 매우 피상적인 이유다. 그는 굳이 지리산이 아니어도 부당한 현실과 일정한 거리두기를 늘 염원해 왔다. 예를 들면, 함양의 선비 노진盧禛 (1518~1578) · 강익姜翼(1523~1567) 등과 안의安義 화림동 花林洞을 유람하면서 지은 「유안음옥산동遊安陰玉山洞」이란 시에서 다음과 같이 노래하고 있다.

하얀 반석 물 속에는 천 얼굴의 구름,   白石雲千面
푸른 넝쿨 덮인 숲 만 대 베틀로 짠 듯.   靑蘿織萬機
저 풍광을 다 묘사하지 말게 하라,   莫敎摸寫盡
내년에 고사리 캐러 다시 오리니.   來年採薇歸

푸른 봉우리 우뚝 솟고 물은 쪽빛인데,　　　　碧峯高揷水如藍
숨은 명승 많이 취해도 탐욕은 아니리.　　　　多取多藏不是貪
이 잡으며 어찌 굳이 세상사를 말하리,　　　　捫蝨何須談世事
산수를 이야기해도 할 말이 많을 텐데.　　　　談山談水亦多談

봄바람 부는 삼월 무릉으로 들어오니,　　　　春風三月武陵還
냇물 속의 맑은 하늘 수면도 넓어라.　　　　霽色中流水面寬
한 번 유람 내 분수에 넘친 것은 아니나,　　　　不是一遊非分事
인간 세상 유람하기 또한 응당 어렵구나.　　　　一遊人世亦應難

　　남명은 첫 번째 시에서 '내년에 고사리 캐러 다시 오리니'라고 하였다. 고사리를 캔다는 말은 백이伯夷・숙제叔齊처럼 수양산首陽山으로 들어가 절의節義를 지키며 주周나라의 곡식을 먹지 않고 고사리를 캐 연명하며 살겠다는 것이다. 이것이 바로 현실정권과의 거리두기다. 남명의 마음에도 을사사화 이후 그런 생각이 잠시도 떠나지 않았기에 그는 위와 같이 노래한 것이다.

　　남명이 덕산으로 이사를 간 이유는 무엇일까?

　　나는 이에 대해 앞에서 언급한 바와 같이, 「덕산복거德山卜居」라는 시와 '산천재山天齋'라고 이름을 붙인 데에서 찾았다. 그가 61세에 삼가에서 덕산으로 이사를 한 이유는, 지리산에 은거하겠다는 오랜 염원, 부당한 정권과의 거리두기, 그리고 가장 중요한 천왕봉 때문이다.

　　남명은 자신의 도를 몸으로 실험하기 위해 그 도

남명과 지리산

반을 택했고, 결국 천왕봉을 선택한 것이다. 이것은 남명과 지리산의 진정한 만남이었다. 그 전까지의 만남이 피아彼我의 만남이었다면, 이 때의 만남은 물아일체物我一體가 되는 만남이었다.

남명은 천왕봉이 되고 싶었다. 그래서 그는 덕산 시냇가 상정橡亭이라는 정자에 다음과 같은 「제덕산계정주題德山溪亭柱」라는 시를 지어 걸었다.

청컨대, 천 석 들이 종을 보시게,	請看千石鐘
북채 크지 않으면 쳐도 소리 없다네.	非大扣無聲
나도 어찌하면 저 두류산처럼 될까,	爭似頭流山
하늘이 울어도 오히려 울지 않고 서 있는.	天鳴猶不鳴

해석상 참으로 말이 많은 시다. 그러나 남명의 거대한 정신세계를 노래한 것으로 보는 데 대체로 동의한다. 많은 학자들이 제3구의 '쟁사爭似' 앞에 '천석종'이 있는 것으로 보아, '천석종이 어찌 두류산과 같으랴'라는 의미로 보는데, 나는 그렇게 보고 싶지 않다.

이 시는 남명이 거대한 천석종 같은 정신세계를 꿈꾼 것이다. 그 종은 큰 북채로 크게 치지 않으면 소리가 나지 않는다. 거대한 울림을 갖는 종이다. 에밀레종이 경주 서라벌에 울렸다면, 이 종은 조선 팔도에 울리고도 남을 종이다. 바로 남명이 추구하는 정신이다. 그는 그 종을 쳐서 온 나라에 울려 고통에 시달리는 민생의 마음을 훈훈하게 녹여주고 싶었다.

그런데 그 천석종은 머리 속에 상상하는 종이 아

제3장 남명과 지리산의 만남

천왕봉

니라, 바로 눈앞에 있는 천왕봉이었다. 하늘에 매달려 있는 천왕봉이 바로 그의 눈에 천석종으로 보였던 것이다. 그래서 그의 머리 속에 있던 천석종은 천왕봉이 되었다. 그리고 자신은 그 거대한 천왕봉 같은 천석종이 되고 싶었다. 마지막 구에 '명鳴'자를 쓴 것은 종과 무관하지 않다.

「덕산복거」와 「제덕산계정주」는 남명이 덕산으로 들어가자마자 지은 듯한데, 이 두 편의 시를 보면, 남명과 지리산이 만나 하나가 되는 것을 느낄 수 있다.

남명의 산수유람관

1. 산도 보고 물도 보고
고인도 보고 옛날 세상도 보라

남명이 58세 때 여러 벗들과 함께 쌍계사 방면을 유람하고 쓴 「유두류록遊頭流錄」은 조선시대 지식인들의 산수유람록 가운데 백미에 해당한다. 그 속에는 사대부 지식인으로서의 국토와 역사에 대한 인식, 도학이 한창 일어나던 시기에 지식인으로서의 자아를 성찰하는 마음가짐 등 참으로 깊이 있는 정신세계가 들어 있다.

오늘날 산수유람은 명승지를 찾는 여행이나 등산이 주류를 이루고, 교통편이 편리해져 하루 만에 다녀올 수 있는 곳이 대부분이다. 그런데 국토 산하山河를 유람하면서 느끼는 정서를 보면, 오늘날 사람들이 조선시대 사람들에게 훨씬 못 미치는 듯하다.

나는 등산을 좋아해 10여 년 이상 지리산을 다녔다. 혼자 가기도 하고, 산악회를 따라 다니기도 하였다. 그러면서 꽤 여러 사람들을 만나 보았다. 그런데 산을 좋아하는 소위 산꾼이라고 하는 사람들조차 등산에 관한 현대적 소양, 그것도 등산 요령이나 방법 등만 알고 있었을 뿐, 대다수가 산수의 역사에 무지했다. 또 산을 좋아하는 것도 '그저 산이 좋아 간다'고 하거나 '산이 거기에 있어 오른다'는 투의 막연한 대답을 하는 경우가 허다했다.

성철스님이 '산은 산이고 물은 물이다'라는 묘한 설법을 하신 뒤로, 무슨 뜻인지도 모르고 쓰는 사람들이 너무도 많듯이, 우리는 진면목을 보지 못하고 있다. 도의 관문을 다 뚫고 들어가 방안에 이르러야 하는데, 첫 번째 문에 들어서서 그 황홀함에 취해 도사가 된 것처럼 행동하면, 반풍수밖에 될 수 없다. 우리시대 산행풍조가 꼭 그렇다. 반만년 역사가 스며있는 산하를 껍데기만 보고, 산에 잘 오르면 정복을 했다고 영웅이 된 것처럼 거들먹거린다.

우리는 산수山水의 의미를 모르면서도 깊이 있게 알려고 하지 않는다. 정확하게 알지도 못하면서 자기 식대로 마구 말하고, 모두들 대장노릇을 하고 싶어한다. 이를 보면, 우리 시대는 참으로 거칠고 경박한 풍조가 만연하는 시대임을 알 수 있다. 어디 등산을 하

남명과 지리산

는 사람만 그러랴? 모두가 다 그런데.

기왕 이렇게 이야기를 풀었으니, 천박한 생각과 깊이 있는 생각에 대해 잠시 살펴보자. 『논어』「옹야雍也」에서 공자는 산수에 대해 다음과 같이 말하였다.

> 지혜로운 자는 물을 좋아하고, 어진 자는 산을 좋아한다. 지혜로운 자는 동적이고 어진 자는 정적이다. 지혜로운 자는 즐겁고, 어진 자는 장수한다.【知者樂水, 仁者樂山. 知者動, 仁者靜. 知者樂, 仁者壽】

이 문구에서 '요산요수樂山樂水'라는 사자성어가 나왔다. 오늘날 고졸 정도의 학력을 가진 사람이면, 이 말을 대부분 알 것이다. 그런데 막상 '산을 좋아하고 물을 좋아한다는 말이 무슨 뜻이냐?'고 물어보면, 얼른 대답을 하는 사람은 흔치 않다. 그 말이 무슨 뜻인지 모르기 때문이다. 그래서 다음과 같이 질문을 던져본다.

> 지혜로운 자는 왜 물을 좋아하고, 어진 자는 왜 산을 좋아하는 걸까? 지혜[智]와 물은 무슨 상관이 있으며, 어짊[仁]과 산은 무슨 상관이 있는가? 지혜로운 자는 왜 동적이고, 어진 자는 왜 정적인가? 지혜로운 자는 왜 즐겁고, 어진 자는 왜 장수하는가?

이 질문을 받으면 대부분 말문이 막힐 것이다. 지智와 수水, 인仁과 산山의 연관성을 어떻게 설명할 것인가? 공자는 산과 물을 바라보면서, 자연의 산과 물로만 보지 않았다. 그는 산과 물이 갖고 있는 덕을 보았다. 그래서 그는 물을 보면서 "흘러가는 것은 이와 같구나! 밤낮으로 쉬지 않는구나[逝者如斯夫 不舍晝夜]"(『논어』 「자한子罕」)라고 선문답 같은 말을 하였다. 공자는 눈앞의 물을 보면, 그 물이 어디에서 발원하여 어디를 거쳐 지금 이곳을 지나 어디까지 가는지를 생각하였다. 즉 어떤 사물이나 일의 시원始原부터 살펴 그 결과까지를 생각하였다. 이것이 물을 보는 방법이다. 예컨대 어떤 사건이 생기면, 무엇 때문에 그런 일이 일어나게 되었는지의 근원을 살피고, 현재의 상황을 살피고, 그리고 앞으로 어떻게 전개될지를 살피는 것이 바로 지혜이다. 눈앞의 현상만을 바라보며 그것을 전부로 생각하는 것은 지혜가 아니다. 그것은 현상만 보고 그 이면의 이치를 보지 못하기 때문이다.

또 물은 근원으로부터 웅덩이를 채우며 흘러내려 지금 눈앞에까지 와 있다. 물은 높은 데서 낮은 데로 흐르는 본성을 갖고 있다. 즉 정적이지 않고 동적이다. 움직이는 것이다. 그런데 그냥 움직이는 것이 아니라, 근원의 덕을 실어 나르는 역할을 한다. 반면 산은 늘 그 자리에 서 있다. 산은 움직이지 않는 부동의 이미지로 정적이다. 그러나 산은 온갖 생명체를 감싸고 품어주는 어머니 같은 역할을 한다. 온갖 생명체

남명과 지리산

가 그 품속에서 살아간다. 그래서 그 덕이 인자한 어머니처럼 인仁에 가깝다.

공자는 산과 물의 이러한 속성을 통해 산에서는 인仁의 이미지를 읽었고, 물에서는 지智의 이미지를 읽어 낸 것이다. 이렇게 이면까지 보는 것이 성인이다. 속인은 산과 물만 보지만, 성인은 그 이면의 원리와 이치까지 본다.

물은 산이 갖고 있는 인仁의 덕을 싣고 들판을 적시며 모든 생명체에게 나누어준다. 그 얼마나 즐거운 일이겠는가. 산은 모든 생명체를 품고서 언제나 그 자리에 말없이 서 있다. '장수한다'는 말은 사람의 목숨처럼 오래 산다는 뜻이 아니라, 변치 않고 영원하다는 의미다.

공자는 산과 물을 보면서, 이렇게 깊고도 아름다운 정신세계를 만들어냈다. 그래서 요산요수는 단순히 '산을 좋아하고 물을 좋아한다'는 뜻이 아니고, 산의 덕인 어짊과 물의 덕인 지혜를 좋아한다는 뜻이다. 산수를 유람하거나 등산을 하면서 이런 뜻을 되새긴다면 얼마나 행복하겠는가.

그러나 오늘날 우리들은 이런 지식을 갖고 산수를 대하는 사람이 많지 않다. 그저 산수의 아름다움에 감탄이나 하고, 바람소리·새소리·물소리에 귀를 기울이고, 파란 하늘·붉은 단풍·흰 구름에 마음이 들뜨는 산수유람을 하고 있다. 그리고서 그것을

제4장 남명의 산수유람관

아주 대단한 체험인양, 수준 높은 정신세계인양 자랑한다. 과학은 발전하는데, 정신문명은 어찌 이리도 천박해졌단 말인가. 과학과 정신문명은 반비례한단 말인가?

신세타령 같은 현실비판은 그만하고, 남명이 산수를 어떻게 바라보고 있는지 살펴보기로 하자. 나는 지금으로부터 약 18년 전 처음으로 『남명집』을 읽다가 「유두류록」에 있는 "물을 보고 산을 보고, 그리고 사람을 보고 세상을 보았다[看水看山 看人看世]"는 말에 그만 책을 덮고 말았다. 깊은 감동에 더 이상 책을 읽을 수 없었기 때문이다.

유홍준 교수가 쓴 『나의 문화유산답사기』는 온 국민에게 우리 문화유산에 대한 안목을 크게 향상시켜주었다. 그는 '온 국토가 박물관이다'라고 하였으며, '아는 것만큼 보인다'는 유명한 말도 하여, 세상사람들 입에 오르내리게 하였다. 참으로 의미 있는 발언이다. 그런데 나는 남명의 이 여덟 자 짧은 구절을 읽으면서, 그보다 더 깊은 감명을 받았다. '물을 보고 산을 보고, 그리고 사람을 보고 세상을 보라'는 잠명箴銘 같은 여덟 자는, 이후 내게 살아있는 경구警句가 되었다. 선각자의 말씀은 이처럼 간결하면서도 촌철살인寸鐵殺人의 경지를 보여준다.

남명은 58세 때 벗들과 섬진강을 거쳐 쌍계사 방면을 유람하면서 산도 보고 물도 보았다. 아름다운 산

看水看山
看人看世

남명과 지리산

수를 유람하면서 '아름답다'는 탄식도 했을 터이고, 경외감도 생겼을 것이다. 이는 여행을 하면서 누구나 느낄 수 있는 감정이다. 그런데 오랫동안 깊이 학문에 침잠을 했던 남명의 눈은 그런 데에 머물지 않았다. 그는 자연스럽게 '깊이 들여다보기'를 하였다.

지금 눈앞에 보이는 산수는 단순히 경관이 아름다운 산수만은 아니다. 분명 예로부터 거기 그대로 수천 년 동안 있어 온 산수다. 그리고 그 산수 속에서 지금 내가 살아있듯이, 역사 속에 많은 사람들이 살다가 갔다. 남명은 그런 생각을 하였고, 지금 눈앞에 보이는 산수를 통해 과거의 역사 속 사람들을 떠올렸다. 그들의 흔적이 조금이라도 남아 있으면 그들을 떠올렸다. 그리고 그들이 살던 세상까지 생각했다. 역사적으로 불우한 삶을 살았던 사람을 만나면, 그와 그 시대의 모순을 보았다. 그래서 그는 이렇게 썼다.

높은 산 큰 내를 보고 오면서 얻은 바가 없는 것은 아니었다. 그러나 한유한韓惟漢·정여창鄭汝昌·조지서趙之瑞 세 군자를 높은 산과 큰 내에 비교한다면, 십 층 높은 봉우리 위에 옥 하나 올려놓고, 천 이랑 넓은 수면에 달 하나가 비친 격이다. 3백 리 길 바다와 산을 유람하였지만, 오늘 하루 동안에 세 군자의 자취를 다 보았다. 물만 보고 산만 보다가 그 속에 살던 사람을 보고 그 세상을 보니, 산 속에서 10일 동안 품었던 좋은 생각들이 하루 사이에 언짢은 생각으로 바뀌어 버렸다. 훗날 정권을 잡는 사람이 이 길로 와 본다면 어떤 마음이 들지 모르겠다.

제4장 남명의 산수유람관

남명은 지리산을 유람하면서 한유한·정여창·조지서를 만난 것을 '십 층 높은 봉우리 위에 옥 하나를 올려놓고, 천 이랑 넓은 수면에 달 하나가 비친' 격에 비유하였다. 아! 이 얼마나 멋진 표현인가. 이 정도가 되면, 남명은 산수와 하나가 된 것이고, 고인과 하나가 된 것이고, 그 세상과 하나가 된 것이다. 그래서 남명은 눈앞의 산수를 통해 역사의 아픔과 세상의 아픔까지 읽어냈다. 깊이 들여다보기는 이처럼 표피를 꿰뚫어 저 깊은 심층을 드러내 보인다. 참으로 놀랍지 않은가?

나는 '간수간산看水看山 간인간세看人看世' 여덟 자를 남명의 산수유람관으로 적출摘出하여, 세상 사람들에게 알리고 있다. 이렇게 보는 것이 참다운 유람이며, 참다운 답사라고 말한다. 표피만 보아서는 안 되고, 그 산수 속에 담긴 인간과 역사를 보라고 한다. 그래서 나는 이 여덟 자를 나의 산수를 보는 잠명箴銘으로 삼았다.

산을 보고 물을 보고, 그리고 역사 속의 고인을 보고 그들이 살던 세상을 보라.

이 말씀은 『논어』에 있는 '어진 자는 산을 좋아하고 지혜로운 자는 물을 좋아한다[仁者樂山 知者樂水]'는 명구만큼이나 깊이 있는 말이다. 산수를 논하면서 인仁과 지혜[智]를 생각하고, 산수를 유람하면서 인

남명과 지리산

간과 세상을 돌아보는 것, 이처럼 깊이 들여다보는 것이 성현의 말씀이다. 산에서 어진 덕을 읽고, 물에서 지혜로움을 읽기란, 공자 같은 성인이 아니고서는 불가능하다. 마찬가지로 산을 보고 물을 보면서 고인을 생각하고 고인이 살던 세상을 생각하는 것도 남명이 아니고서는 불가능한 일이다. 아! 우리는 남명이 있어서 얼마나 행복한가. 이런 말씀을 깨우쳐준 선각자가 그 어느 나라 역사 속에 있던가? 나는 이 땅에서 태어나 이 땅에서 공부하고 이 땅에서 사는 것이 행복하다. 그리고 이 땅에 묻히는 것도 행복하게 여길 것이다.

2. 대장부의 이름은 푸른 하늘 밝은 해와 같다

위에서 살펴본 것처럼, 남명은 산수를 단순한 산과 강의 경관으로 보는 것이 아니라, 그 땅에서 오랫동안 사람들이 살아온 역사가 깃들어 있는 산수로 인식한다. 그리하여 눈앞에 펼쳐진 산과 물을 보면서 그 속에 살았던 고인과 그들이 살았던 세상을 만나는 여행이었다. 이런 점에서 남명은 푸른 섬광이 번뜩이는 역사가다. 그래서 그의 유람은 놀이가 아니라, 고인과 그들이 살던 세상을 만나는 여행이었다.

남명은 「유두류록」에서 자신의 역사인식을 잘 드러내고 있는데, 그 중에 하나를 소개해 본다. 남명은 쌍계사에서 불일폭포로 오르면서 바위에 새겨 넣은 여러 사람들의 이름을 보았다. 그런데 그 인물들은 역사에 전혀 알려지지 않은 사람들이다. 남명은 이를 두고 다음과 같이 말하고 있다.

중간에 큰 바위 하나가 있었는데, '이언경李彦憬'·'홍연洪淵'이라는 글자가 새겨져 있었다. 오암猊巖에도 '시은형제枾隱兄弟'라는 글자가 새겨져 있었다. 아마도 썩지 않는 돌에 이름을 새겨 억만년토록 전하려 한 것이리라. 대장부의 이름은 푸른 하늘의 밝은 해와 같아서, 사관史官이 책에 기록해 두고, 넓은 땅 위에 사는 사람들의 입에 오르내려야 한다. 그런데 사람들은 구차하게도 원숭이와 너구리가 사는 숲 속 덤불의 돌에 이름을 새겨 영원히 썩지 않기를 바란다. 이는 날아가는 새의 그림자만도 못해 까마득히 잊혀질 것이니, 후세 사람들이 날아가 버린 새가 과연 무슨 새인 줄 어찌 알겠는가? 두예杜預의 이름이 전하는 것은 비석을 물 속에 가라 앉혀 두었기 때문이 아니라, 오직 하나의 업적이 있었기 때문이다.

남명의 발언은 예리하기 그지없다. 그는 대장부의 이름은 사관이 역사에 기록하든지, 민중들의 입에 오르내려야 한다고 말한다. 이 둘 모두 공을 세우든지, 덕을 베풀든지 해야 가능하다. 요즘 세상에는 연예인과 운동선수가 가장 대중적인 인기를 누리고 있

남명과 지리산

지만, 그것이 예로부터 말하는 입덕立德·입공立功·
입언立言의 삼불후三不朽에는 들어가지 못한다. 대장
부가 이 세상에 태어나서 영원히 후세에 전할 수 있
는 일로는 덕을 세우는 것, 공훈을 세우는 것, 저술을
하는 것 이외는 없다. 그런데 사람들은 자신을 아는
사람이 후세에 아무도 없을 텐데 자기 이름을 돌에
새겨 전하려 한다. 남명은 이런 짓을 '날아가는 새의
그림자만도 못하다'고 비유하였다.

　　날아가는 새도 지나가면 흔적조차 없는데, 그 그
림자야 말해 무엇하랴. 이 세상에 태어나 자신을 위
해, 남을 위해, 사회를 위해, 국가를 위해, 인류를 위
해 의미 있는 일을 한 가지도 하지 않고서 돌에다 이
름이나 새겨 남기려 하는 짓은, 새의 그림자나 구름

가야산 농산정 주변 바위의 석각

제4장 남명의 산수유람관

의 그림자처럼 흔적도 없는 일이다. 그런데도 우리 산하에 얼마나 많은 사람들이 바위에다 자기의 이름을 남겨 놓았던가. 남명의 이 말씀은 천고에 길이 남을 모골이 송연해지는 법어다.

남명은 이런 부질없는 경박한 풍조를 가차없이 비판하고, 어떻게 하는 것이 참다운 대장부로서의 삶인지를 분명히 드러내 보여주었다. 덕을 닦거나 공훈을 세우거나 저술을 남겨, 후세의 사관이 역사에 기록하게 하든지, 아니면 민중들의 입에 오르내리게 하든지 하는 것이다. 그래서 그는 「유두류록」의 말미에 유람을 정리하면서 다음과 같이 말하였다.

또한 산 속을 둘러볼 때 바위에 이름을 새겨 놓은 것이 많았는데, 세 군자의 이름은 어디에도 새겨져 있지 않았다. 그러나 그들의 이름은 반드시 만고에 전해질 것이니, 어찌 바위에 이름을 새겨 만고에 전하려는 것과 같겠는가?

‘세 군자’는 한유한韓惟漢·정여창鄭汝昌·조지서趙之瑞다. 이들이 바로 역사에 이름을 남기고, 민중들의 입에 오르내리는 사람들이다. 쌍계사 뒤 숲 속 바위에 새겨 놓은 ‘이언경李彦憬’·‘홍연洪淵’·‘시은형제枾隱兄弟’는 어떤 사람들인지 아무도 모른다. 그저 이름만 돌에 남아 있을 뿐이다. 이는 아무 의미가 없는 것이다. 그러나 한유한·정여창·조지서는 역사

남명과 지리산

河進士宗岳奴靑龍丁舍人李腰奴俱以酒鱗来謁。神巖持任允誼来見舍翁所騎馬病蝶川外有人座其名者付以調養久與愚翁共宿後殿之西方丈。○十九日促食將入靑鶴洞寅叔剛而俱以疾退固知十分絕境非有十分眞訣神明不受寅叔剛而曾昔一八来者乃是夢也非眞到也若此泓之則雖有間矣亦是無後分事也老夫憶曾三度入来俗緣猶未盡除方知八十衰翁無職秩憶曾三度鳳池来者則猶不讓矣若此三八岳陽人不識著則未也是朝金君逕辭以疾狀效貴千徑去金君時年七十七登陟如飛初欲上天王峯爲人個儻有若曾到梨園裡来者湖南四君白李兩生同行此上猿巖緣末登棧而進右釋打腰皷千守吹長笛二妓隨焉作前隊諸君或先或後魚貫而進作中隊姜國年膳夫儀夫運饋者數十人作後隊僧愼旭向道而去間有一巨石刻有李彦憬洪淵字猿岩亦有刻柿隱兄弟字意者錢諸不朽傳之億萬年千大丈夫名字當如靑天白日太史書諸冊廣土銘諸口區區入石於林莽之間猶狸之居求欲不朽邈不如飛鳥之影後世果烏知何如爲耶杜預之傳非以沉碑之故唯有一段事業也。

『남명집』「유두류록」

가 남아 있는 한 그들의 삶과 행적이 후세에 전할 것
이다. 이것이 바로 역사를 꿰뚫어보는 남명의 안목이
다. 투철한 역사인식을 가진 학자가 아니면, 이런 지
적을 할 수 없다. 이런 점에서 남명은 탁월한 역사가
라 하겠다.

　남명이 뛰어난 역사가임을 증명하는 언급은 「유
두류록」의 여러 군데에서 보인다. 그 가운데 한두 가
지를 적출하면 다음과 같은 것들이다.

　① 한유한은 고려 사회가 어지러워질 것을 예견하고,
　　처자식을 이끌고 이곳에 와서 은거한 인물이다. 조

정에서 그를 불러 대비원大悲院 녹사로 삼았는데, 그 날 저녁에 달아나 간 곳이 묘연했다고 한다. 아! 나라가 망하려고 할 적에 어찌 어진이를 좋아하는 일이 있을 수 있겠는가? 어진 이를 좋아하는 것이 착한 사람을 표창하는 정도에서 그친다면, 또한 섭자고葉子高가 용龍을 좋아한 것만도 못한 일이니, 나라가 어지러워지고 망하려는 형세에는 아무런 도움이 되지 않는다. 문득 술을 가져오라고 하여 한 잔 가득 따라 놓고, 삽암을 위해 길이 탄식하였다.

② 도탄에서 1리쯤 떨어진 곳에 정선생鄭先生 — 여창汝昌 — 이 살던 옛 집터가 남아 있다. 선생은 바로 천령天嶺[함양] 출신의 유종儒宗(유학의 종장)이었다. 학문이 깊고 독실하여, 우리나라 도학道學에 실마리를 열어 준 분이다. 처자식을 이끌고 산 속으로 들어갔다가, 뒤에 내한內翰을 거쳐 안음현감安陰縣監이 되었다. 뒤에 교동주喬桐主에게 죽임을 당했다. 이 곳은 삽암에서 10리쯤 떨어진 곳이다. 밝은 철인哲人의 행幸·불행不幸이 어찌 운명이 아니랴?

③ 우리는 사방을 두루 훑어보았다. 동남쪽으로 푸르스름하게 가장 높이 솟아있는 것은 남해의 끝에 있는 산이고, 정동쪽에 파도가 연이어 물결치는 듯한 것은 하동과 곤양의 산들이었다. 또한 동쪽에 먹구름처럼 아득히 하늘 높이 솟아있는 것은 사천泗川의 와룡산臥龍山이었다. 그 사이에 마치 혈맥이 뒤엉켜 있는 듯한 것은 강과 포구가 서로 이어진 것이었다. 우리나라 산과 강의 견고함은 위魏나라가 보배로 여긴 정도를 넘어, 넓은 바다에 접해 있고 100치雉의 성에 웅거해 있다. 그런데도 오히려 백성들은 보잘 것 없는 섬나라 오랑캐에게 거듭 곤란을 당하고 있으니, 어찌 그 옛날 길쌈하던 과부의 근심을 하지 않겠는가?

남명과 지리산

세 인용문에서 진하게 표시된 부분은 남명의 투철한 역사인식을 보여주는 대목이다. 이런 점에서 남명은 역사를 꿰뚫어보는 시퍼런 눈을 가진 역사가다. 산수유람을 하면서 접하는 역사적 흔적을 통해 이처럼 예리한 통찰력을 드러낸 이가 어디 그리 흔하던가?

3. 선으로 나가는 것은
산을 오르는 것처럼 힘들다

남명은 위대한 역사가이면서 또 위대한 도학자道學者다. 아니 남명은 위대한 도학자이면서 위대한 역사가라고 해야 더 적합할 것이다. 그러나 여기서는 편의상 역사를 먼저 언급하다가 보니, 남명의 역사가인 측면을 앞에서 논의하게 되었다. 옛말에 '경경위사經經緯史'라는 말이 있다. 유교경전을 경經으로 하고, 역사를 위緯로 하라는 말이다. 경經은 천을 짤 적에 세로의 날줄을 말하고, 위緯는 천을 짤 적에 가로로 넣는 씨줄을 말한다. 이것은 마치 지구의 경도·위도와 같다.

예전 사람들이 공부할 적에는 경전이 그 무엇보다 우선이었다. 경전은 성인의 가르침으로 인간이 인간답게 사는 것을 가르쳐 주기 때문이다. 그 다음은

제4장 남명의 산수유람관

역사다. 요즘 세상에는 경전·역사가 가장 푸대접을
받지만, 조선시대까지는 학문에 있어 첫 번째가 경전
이고, 두 번째가 역사였다. 경전은 모든 사유의 근본
에 해당하는 도道를 일러주고, 역사는 거울[鑑]이라
고 하듯이 현실을 비추어볼 수 있는 지혜를 준다.

　조선시대 학문은 넓게 보면 유학儒學이다. 유학은
공자孔子로부터 체계화된 학문이다. 이 유학은 송宋
나라 때 성리학性理學으로 발전하여, 동아시아 학문
의 주류를 차지하였다. 조선시대 학자들의 학문도 성
리학이었다. 이 성리학에는 크게 정자程子·주자朱子
로 내려오는 리학理學 계열이 있고, 육상산陸象山·왕
양명王陽明으로 내려오는 심학心學 계열이 있고, 장
재張載·왕부지王夫之로 내려오는 기학氣學 계열이
있고, 기타 여러 계열이 있다. 이 가운데 조선시대 학
문은 정주程朱의 리학이 주류였다.

　본래 '도학道學'이란 말은 송나라 때 정주학 계열
의 학자들이 쓰던 말이다. 송나라는 사대부정치가 처
음으로 열린 시대로, 지식인들이 정치의 주체가 된
시대다. 사대부정치시대가 열리면 붕당朋黨이 생기
고, 당쟁黨爭이 일어난다. 이런 시기에 유교의 도를
현실에 구현하고자 한, 정자程子로부터 주자朱子로
이어지는 일군의 학자들이 의도적으로 사용한 말이
도학이다. 이는 유교의 정통을 회복하여 자기정화와
사회개혁을 위해 전개한 일종의 문화운동이었다. 즉

남명과 지리산

도덕으로 정신무장을 하여 세상을 정화하려는 일종
의 사회개혁운동이라 할 수 있다.

　주자와 동시대 주자학을 위학僞學으로 규정하고
도학자들을 물리치고자 했던 사람들은 '도학'을 다
음과 같이 정의하였다.

　　신이 삼가 보건대, 근세의 사대부들이 이른바 '도
학'이라고 하는 것은, 그들의 설에 "〈우리는〉 신독愼獨
으로 능함을 삼고, 실천[踐履]으로 고상함을 삼으며, 정
심正心·성의誠意·극기복례克己復禮로 일을 삼는다"라
고 하는 것입니다. 이와 같은 것들은 모두 학자들이 다
배우는 것인데, 그들은 자기들만이 그런 것들을 능히
한다고 생각합니다. 그러나 그들이 하는 행위를 공평
히 살펴보면, 그 이름을 빌어 그들의 거짓을 이루려 하
는 것에 거의 가깝지 않겠습니까?

　이 글에는 그 당시 도학에 대한 개념이 선명하게
드러나 있다. 곧 '신독愼獨으로 능함을 삼고, 실천[踐
履]으로 고상함을 삼으며, 정심正心·성의誠意·극기
복례克己復禮로 일을 삼는다'는 것이다. 여기서 말하
는 '신독愼獨'은 『대학』과 『중용』에 나오는 '혼자만
아는 바의 생각을 삼가는 것'으로, 아직 겉으로 드러
나지 않은 마음이다. 이는 성리학의 성찰省察에 해당
한다. '실천[踐履]'은 앎을 자기 몸에 행하는 것이다. 이
는 성리학의 역행力行에 해당한다. 성의·정심은 『대
학』 팔조목八條目의 행行에 속한 것으로 성찰에 해당

제4장 남명의 산수유람관

하고, '극기복례克己復禮'는 사욕을 물리쳐 예로 돌아가는 것으로 성리학의 극치克治에 해당한다.

이렇게 볼 때, 이는 모두 마음이 발하고 난 뒤의 성찰省察−극치克治로 이어지는 자기실천의 수양에 관한 것들이다. 즉 이발已發 이후의 자기실천을 강조하는 논리다. 그렇다면 이들이 말하는 '도학'은 미발시未發時에 존심양성存心養性의 함양涵養을 전제로 하되, 이발시已發時의 성찰−극치에 역점을 두어 자기 몸에 도를 구현함으로써 사회풍상을 개혁하려 한 것이다. 요컨대 도를 자기 몸을 통해 실천해 보임으로써 사회정의를 이룩하고자 하는 학문을 도학이라 정의할 수 있다.

남명은 산수유람을 하면서 역사를 통해 현실을 보았을 뿐만 아니라, 응사접물應事接物할 때마다 자아를 성찰하는 구도자였다. 남명은 근본적으로 도를 구하는 구도자였다. 그래서 그의 유람은 일종의 구도여행이었다. 운수행각雲水行脚을 하는 승려들과 마찬가지로, 자신이 참구參究한 도를 실제의 경험을 통해 반추反芻하는 구도행각이었다. 남명은 도를 피상적으로 아는 데서 그치지 않고, 자신에게 돌이켜 자득自得하려 했고[反求自得], 그 자득한 도를 자기 몸으로 직접 실천하려고 했다[反躬實踐]. 이런 점에서 남명이 추구한 학문은 조선시대 성리학자들 가운데 가장 도학에 부합한다.

남명과 지리산

율곡栗谷 이이李珥(1536~1584)는 "도학이란 격물치지格物致知하여 선을 밝히고, 성의정심誠意正心하여 자기 몸을 닦아서 자기 몸에 덕을 온축하면 천덕天德이 되고, 정치에 그것을 베풀면 왕도王道가 되는 것이다"(『栗谷全書』「東湖問答」)라고 하면서도, 지도知道의 측면에서는 퇴계退溪 이황李滉(1501~1570)만을, 행도行道의 측면에서는 정암靜庵 조광조趙光祖(1482~1519)만을 도학자로 인정하고, 남명은 도학자로 인정하지 않았다.

그러나 앞에서 언급했듯이, 송나라 때 사람들이 말한 '도학'의 개념에 가장 잘 부합하는 학자로는 남명만한 이가 없다. 또 학문을 온몸으로 실천한 학자로도 남명만한 인물이 없다. 도학이 도를 구해 현실에 구현하려는 것이라면, 책상에서 머리로 하는 진리 탐구보다, 생활하면서 몸으로 하는 실천이 한 단계 더 나아간 것이다.

남명이 1558년 쌍계사 방면을 유람할 적에는 도를 반구자득反求自得한 단계로, 그 도를 반궁실천反躬實踐하는 쪽으로 중심이동을 하고 있던 때이다. 그래서 그의 정신은 산수를 유람하면서 사물을 접할 때마다 자신의 마음을 성찰하고 실천하는 의식을 드러내고 있다. 하나의 단적인 예를 들어 설명해 보기로 한다. 그는 쌍계사에서 불일폭포로 오를 적에 다음과 같이 말하고 있다.

제4장 남명의 산수유람관

처음 위쪽으로 오를 적에는 한 걸음 한 걸음 내딛
기가 힘들더니, 아래쪽으로 내려 올 때에는 단지 발만
들어도 몸이 저절로 쏠려 내려갔다. 그러니 어찌 선善
을 좇는 것은 산을 오르는 것처럼 어렵고, 악惡을 따르
는 것은 무너져 내리는 것처럼 쉬운 일이 아니겠는가?

남명은 가파른 산언덕을 오르면서 인간이 선한
데로 나아가기가 이처럼 어렵다는 것을 생각했고, 비
탈진 산을 내려오면서 인간이 악으로 나아가기가 그
처럼 쉽다는 것을 생각했다.

'선을 따르기란 산을 오르는 것처럼 힘들다[從善
如登山]'는 말은 중국 고전인 『국어國語』에 보이는 말
이다. 남명은 이 말을 익히 알고 있었다. 그러나 가파

十步一休十步九顧始到所謂佛日菴者乃是青鶴
洞也岩巒若懸空而下不可俯視衆有岸莽攢矢咤
不相讓者曰香爐峯西有盫崖削出壁立萬何昔曰
毗盧峯青鶴兩三栖其岩隙有時飛出盤回上天而
下下有鶴淵黝黯無底左右上下絕壁環匝層層又
層後回俠合翳薈蓊鬱魚角亦不得往來不當弱水
千里也風雷交闘地闇天開不晝不夜便不分水石
不知其中隱有仙僑巨靈長蛟短龜屈藏其宅蔿古
呵護而使人不得近也或有好事者斷木為橋僅入
初面刮摸否石則有三仙洞三字亦不知何年代也
愚翁與舍弟及元生諸子緣木而下徘徊俯瞰而上
年少傑脚者皆登香爐峯還聚佛日方丈喫水飯出
坐寺門外松樹下亂瞰無筭弁簑歌吹雷顫萬面響
裂岩巒東面瀑下飛出百仞迂為鶴潭顏謂愚翁曰
是也翁曰諾神氣颯爽不可久留旋登後尚壁探地
藏巷故丹盛開一朵如一斗猩紅從此直下一趨數
里方得一憩縈熱羊胛便到雙磧初登上面一步更
如水臨萬仞之整要下即下更無疑顧之在前此其
難一步及趨下面徙自峯足而身自流下豈非從善
如登從惡如崩者乎寅叔剛而登八詠樓以迎夕與

『남명집』「유두류록」

남명과 지리산

른 산을 오르면서 자기가 알고 있는 생각을 떠올리
며 그것을 몸으로 느낀다는 것은 아무나 할 수 있는
일이다. 그에 대한 생각이 익숙해져 자신도 모르게
그런 마음이 들어 몸으로 행해야 한다. 이런 점에서
남명은 앎을 자기화하고 몸으로 그것을 실천하려 한
것을 여실히 알 수 있다.

　남명의 「유두류록」을 보면, 이런 자아성찰에 관
한 일화가 곳곳에 보인다. 그 중에 몇 가지를 간추려
소개하면 다음과 같다.

　① 절에 도착하여 안으로 들어가지 않고 곧장 절 앞의
　　시냇가 반석으로 달려가 그 위에 벌여 앉았다. 유독

『국어』「주어 하」 '從善如登 從惡如崩'

제4장 남명의 산수유람관

이인숙과 이강이를 바위 끝 가장 높은 곳에 앉히고
는 "그대들은 비록 위급한 상황에 처하더라도 그 자
리를 잃지 말게나. 만일 그대들이 시냇물에 빠지기
라도 한다면 다시는 올라 올 수 없을 것일세"라고
말하니, 그들이 웃으면서 말하기를 "바라건대 이 자
리를 뺏지나 말게"라고 하였다.

② 저녁에 서쪽에 있는 승려의 방에서 묵었다. 밤에 누
워서 조용히 글을 외웠다. 그리고 일행에게 경각시
키기를 "명산에 들어 온 자치고 그 누군들 마음을 씻
지 않겠으며, 누군들 자신을 소인이라 하길 달가워
하겠는가. 그러나 군자는 군자가 되고 소인은 소인
이 되고 마니, 한번 햇빛을 쬐는 정도로는 아무런 도
움이 되지 않음을 여기서 알 수 있네"라고 하였다.

③ 이우옹은 이강이의 말을 타고 채찍질하여 혼자 먼저
올라갔다. 고개 마루에 올라 말을 세우고 말에서 내
려 바위에 걸터앉아 부채질을 하고 있었다. 우리 일
행은 비오듯 땀을 흘리며 조금씩 올라가, 한참 후에
야 도착하였다. 내가 느닷없이 이우옹에게 면박하기
를 "그대는 말 탄 기세에 의지하여 나아갈 줄만 알
고 그칠 줄을 모르는구려. 만약 훗날 의義를 좇게 되
면 반드시 다른 사람보다 앞장설 것이니, 또한 좋은
일이 아니겠소?"라고 하니, 이우옹이 사과하며 말하
기를 "나는 이미 그대가 꾸지람할 줄 알고 있었소.
내가 참으로 잘못했소"라고 하였다.

④ 밤이 되어 우점郵店으로 갔는데 겨우 말[斗] 만한 크
기의 방 하나뿐이었다. 허리를 구부리고 방에 들어
갔지만 다리를 펼 수 없었고, 벽은 바람도 막아내지
못하였다. 처음에는 답답하여 견딜 수 없을 것 같았
으나, 잠시 후에는 네 사람이 머리를 맞대고 서로 베
고서 단잠에 빠져 밤을 보냈다. 이를 두고 보면, 사
람의 습관이란 잠깐 사이에도 낮은 데로 치닫는 것

남명과 지리산

을 알 수 있다. 앞서도 그 사람이고 뒤에도 같은 사람인데, 전날 청학동에 들어가서는 마치 낭풍산閬風山에 올라 신선이 된 듯하였지만 오히려 부족하다 여겼었다. 또한 신응동神凝洞에 들어가서는 바야흐로 요지瑤池에 올라 신선이 된 것 같았지만 도리어 부족하다 생각했었다. 그리고 은하수에 걸터앉아 하늘로 들어가거나 학을 부여잡고 공중으로 솟구치려고만 하였고, 다시는 인간 세상으로 내려오지 않으려 하였다. 그러나 뒤에는, 좁은 방에서 구부리고 자면서도 그것을 자신의 분수로 달게 받아들였다. **여기서 평소의 처지에 만족한다 하더라도, 수양하는 바가 높지 않으면 안되고, 거처하는 곳이 작고 초라해서는 안 된다는 사실을 알 수 있다. 또한 사람이 선하게 되는 것도 습관으로 말미암고, 악하게 되는 것도 습관으로 인한 것을 알 수 있다. 위로 향하는 것도 이 사람이 하는 것이고, 아래로 치닫는 것도 같은 이 사람이 하는 것이니, 단지 한번 발을 들어 어디로 향하느냐에 달려 있을 따름이다.**

진하게 표시된 부분은 남명이 부단히 자아를 성찰하는 도학자다운 면모를 보여주는 말이다. 이를 보면, 남명이 쌍계사 방면을 유람하던 58세 때에는, 그의 학문이 반구자득의 단계에서 반궁실천의 단계로 나아가고 있었음을 알 수 있다.

남명의 「유두류록」을 퇴계가 보고서 다음과 같이 평하였다.

제4장 남명의 산수유람관

조남명의 「유두류록」 중에서 그가 명승을 두루 찾아다니며 구경한 것 외에 일에 따라 뜻을 붙여 놓은 것을 보건대, 분개하고 격앙하는 말이 많아 다른 사람들로 하여금 정신이 번쩍 들게 하니, 그 사람됨을 상상해 볼 수 있다. 그 가운데 "하루 동안 햇볕을 쪼이는 것은 아무런 도움이 없다"고 한 말이나, "위로 향하고 아래로 달려가는 것은 단지 한 번 발을 드는 사이에 달려 있을 따름이다."라고 한 말은 모두 지론이다. 그리고 이른바 "명철明哲의 행幸·불행不幸이 어찌 운명이 아니겠는가?"라고 한 말은, 참으로 천고 영웅의 탄식을 불러일으키고 지하의 귀신을 울릴 수 있는 말이다. 【曹南冥遊頭流錄 觀其遊歷探討之外 隨事寓意 多感憤激昂之辭 使人凜凜 猶可想見其爲人 其曰一曝之無益 曰向上趣下 只在一擧足之間 皆至論也 而所謂明哲之幸不幸等語 眞可以發千古英雄之歎 而泣鬼神於冥冥中矣(『退溪集』 권43, 「書曹南冥遊頭流錄後」)】

남명과 지리산

지리산에 남아 있는 남명의 자취

1. 덕산德山·덕천德川,
그리고 천왕봉天王峯

남효온南孝溫(1453~1492)의 「지리산일과智異山日課」
를 보면, "백운동白雲洞의 물과 덕천德川이 만나는 곳
에 태연苔淵이 있다"고 하였으며, 또 "그 위에 덕천벼
리[德川遷]가 있다"고 하였다. 이를 보면, '덕천德川'
이라는 이름은 남명 이전부터 있었던 것이 분명하다.
　중산리에서 시천면 소재지로 흐르는 시내 이름은
원래 살천薩川이었는데, 뒤에 시천矢川으로 바뀌었
다. 그것은 '살천薩川'의 '살'이 '화살'의 '살'처럼 곧
다는 뜻이기 때문에 음만 따다 쓴 '살薩'자를 쓰지 않
고, 뜻에 부합되도록 '시矢'자로 바꾼 것이다.

덕천서원 앞의 살천

　　그런데 살천이 곧 덕천은 아니다. 살천은 중산리에서 내려오는 시내를 말한다. 이 물줄기가 대원사에서 내려오는 삼장천三壯川과 시천면 소재지에서 만나는데, 두 물줄기가 합류하는 지점부터 그 하류를 '덕천'이라 한다.

　　현 산청군 시천면 소재지 일대를 조선시대에도 '덕산동德山洞'이라 불렀다. 남효온은 이곳을 유람하다가 덕산사德山寺에서 묵었는데, 이 절이 두 물줄기가 합류하는 언덕에 있다고 하였다. 또 『진양지晉陽志』에도 덕산사가 덕산촌德山村 위 5리쯤에 있다고 하였다. 이 당시에는 '덕산동'이라는 이름보다 '덕산촌'으로 불린 듯하다. 그런데 남명이 1558년 쓴 「유두류록」에는 '입덕산동자삼入德山洞者三'이라고 하였

남명과 지리산

시천면 덕천

고, 또 그가 1661년 덕산으로 들어가 쓴 시의 제목에 「덕산복거德山卜居」·「제덕산계정주題德山溪亭柱」라 하였으며, 그 뒤에 쓴 시에도 「덕산우음德山偶吟」이 란 제목이 있다. 이를 보면, 남명 이전에 이미 '덕산 동'이라는 동네 명칭이 있었던 것을 알 수 있다.

그렇다면 '덕산德山'이라는 이름은 어디에서 연 유한 것일까?

'덕산'이라는 고유명사가 들어가는 명칭에 '덕산 사德山寺'도 있고, '덕산촌'·'덕산동'이라는 동네 이 름도 있지만, '덕산'이라는 명칭의 유래를 알 수 있는 자료는 거의 없다. 억지로 몇 가지 가능성을 유추해 보기로 한다.

첫째, 시천면 사리絲里에 은거한 고려 말 한유한 韓惟漢으로부터 연유했을 가능성이 있다. 산천재 부

제5장 지리산에 남아 있는 남명의 자취

근의 지명이 사리인데, 정식 명칭은 사륜동絲綸洞이
다. 이는 고려 말 한유한이 이곳에 은거함으로써 붙
여진 이름이다. 그는 나라가 어지러워질 것을 미리
알고 지리산에 들어가 은거한 인물인데, 하동군 악양
면 부춘동에 살았다는 설도 있고, 산청군 시천면 사
리에 살았다는 설도 있다. 두 곳에 다 살았는지도 모
른다. 아무튼 그가 사륜동에 살 적에 고려 조정에서
그를 부르는 조서가 내려왔기 때문에 사륜동이라 부
르게 된 것이다. '사륜絲綸'은 『예기』에 나오는 말로
'임금의 말씀'을 뜻하는데, 후에는 '임금의 조서'를
지칭하는 말로 쓰였다. 그런 데서 연유하여 '임금이
조서를 내려 부를 정도로 덕이 있는 사람이 사는 동
네'였기 때문에 '덕산동'이라는 이름이 붙여졌을 가
능성이 있다.

남명은 이곳에 살 적에 다음과 같은 「덕산우음德
山偶吟」이란 시를 지었다.

우연히 사륜동絲綸洞에 살게 되었는데,　　　偶然居住絲綸洞
오늘 비로소 알았네, 조물주가 속이는 줄.　　　今日方知造物紿
공연한 전갈을 보내 은자의 숫자나 채워 가,　　故遣空緘充隱去
나를 부르는 임금의 사신 일곱 번이나 왔네.　　爲成麻到七番來

이 시는 자신이 우연히 사륜동에 살게 되었는데,
한유한처럼 임금의 조서가 내려오게 되었다는 것이
다. 자신은 덕이 없는데, 조물주가 속여서 덕이 있는

남명과 지리산

은자로 알려졌다고 노래하였다. 사륜동이 곧 덕산동이니, 「덕산우음」이라는 시의 제목과 연관시키면, '덕산'이라는 이름이 '사륜'과 무관하지 않다. 그러나 이 설은 어디까지나 추정에 불과할 뿐, 분명한 전거가 되는 것은 아니다.

둘째, '덕산德山'이라는 산이 있기 때문에 그 산 아래의 동네를 덕산동으로 부르게 되었다고 추정할 수 있다. 다음 자료는 그런 설을 뒷받침 해주는 좋은 예다.

덕산 산 아래에 덕천촌이란 마을 있는데,	德山山下德川村
들어가는 이들 모두 입덕문을 경유하네.	入者皆由入德門
속인들 덕德자로 이름 지은 뜻 모르리니,	俗子不知名以德
부질없이 산수를 가져다 사람들에게 말하네.	謾將山水向人論

이는 하진河溍(1597~1658)이 1631년에 지은 「차조감사죽음희일입덕문운次趙監司竹陰希逸入德門韻」이란 시이다. '덕산德山 산 아래 덕산촌德山村이 있다'고 하였으니, '덕산德山'이라는 산이 있었음을 알 수 있다. 이를 보면 '덕산동'이라는 지명이 '덕산'이라는 산이름에서 연유한 것이라 할 수 있다. 그런데 '덕산'이라는 산이 어떤 산을 가리키는지는 자세치 않다. 성여신이 쓴 『진양지』에 덕산동 주변의 큰 봉우리 이름을 모두 열거했는데, 그 중에는 '덕산'이라는 명칭이 보이지 않는다. 그렇다면 '지리산' 또는 '천왕봉'을 '덕산'이라고도 부른 것이 아닐까? 즉 시천면 소

재지 일대에서 바라보이는 지리산이나 천왕봉을 덕산으로 이름할 수 있다. 시천면에서 바라보이는 지리산은 골이 깊고 토질이 비옥하기 때문에 어머니의 품처럼 후덕한 느낌을 준다. 그런 의미에서 지리산을 덕산으로 불렀을 가능성도 있다.

셋째, 불교의 영향으로 붙여졌을 가능성도 있다. '덕산德山'은 당나라 때 선승禪僧 선감宣鑑(782~865)의 호다. 그는 낭주朗州 덕산德山에 주석하였는데, 선승들과 선문답을 할 적에 말로 하지 않고 몽둥이[棒]로 내리치는 방법을 즐겨 사용하였다. 그래서 임제臨濟가 선문답을 하면서 버럭 소리를 내지른 할[喝]과 함께 덕산의 몽둥이가 유명하게 회자되었다. 시천면 부근에 있었던 '덕산사德山寺'라는 절이 산명山名을 딴 것인지, 지명地名을 따서 이름을 붙인 것인지, 아니면 덕산의 유풍을 따르는 불교의 영향으로 붙여진 것인지 알 길이 없다. 그러나 덕산은 임제와 쌍벽을 이룬 유명한 선승으로 우리나라에도 널리 알려진 인물이기 때문에, 그 가능성이 전혀 없는 것은 아니다.

이상에서 '덕산'이라는 이름이 어떻게 붙여졌는지에 관해 세 가지 추측을 해 보았다. 그러나 근거가 없기 때문에 어디까지나 추정에 불과하다. 이 세 가지 설 가운데, 나에게 굳이 하나를 고르라고 한다면, 나는 세 번째 설보다는 첫 번째와 두 번째의 설이 근사하다고 생각한다.

남명과 지리산

남명의 문인 성여신成汝信(1546~1632)은 『진양지』를 지었는데, 이 『진양지』에는 진주晋州에 속한 동네에 '덕산동德山洞'이라는 항목을 두고 다음과 같이 기술해 놓았다.

　　덕산동은 지리산 동쪽에 있다. 천왕봉의 한 줄기가 동남쪽으로 뻗어내려 오대산五臺山이 되고 노현蘆峴이 되어 동쪽으로 살천薩川 앞을 가로질렀다. 또 한 줄기가 동북쪽으로 내려와 서흘산鉏屹山이 되고 운상산雲象山이 되었다. 운상산에서 남쪽으로 내려와 삼장三壯 앞을 가로질렀는데, 살천의 앞산과 덕천德川 좌우에 대치하니 이를 수양검음首陽黔陰이라 한다. 또 서흘산에서 남쪽으로 내려와 살천 뒷산이 된 것을 구곡산九曲山이라 하고, 삼장의 뒷산이 된 것을 저전산楮田山이라 한다. 앞뒤의 여러 산들이 용처럼 서리고 호랑이처럼 웅크리고 있어 기세가 웅장하다. 천왕봉의 물은 법계사法界寺에서 발원하여 동쪽으로 흘러 살천촌薩川村을 경유해서 사제봉社祭峯 아래에 이르고, 동북쪽으로 흘러 살천이 된다. 또 서흘산으로부터 발원한 것은 동쪽으로 흘러 상류암上流菴을 경유해서 장항동에 이르고, 남쪽으로 흐르는 물은 삼장천三壯川이 되어 살천과 양당촌 앞에서 합하니, 이것을 덕천德川이라 한다. 물이 굽이굽이 돌며 흘러 깊지도 않고 얕지도 않다. 수양검음으로 들어가는 골짜기는 협곡으로, 중간에 덕천천德川遷이 나오는데, 이른바 '두류만학문頭流萬壑門'이라고 하는 것이 바로 이것이다. 동천洞天이 넓게 열려 있고, 산수가 밝고 아름다우며, 사방 8·9리쯤 된다. 시내를 따라 오르내리다 보면 한 줄기 긴 숲이 펼쳐지는데, 모두 복사꽃과 철쭉이다. 이곳은 농사짓기에도 알맞고 물고기를 잡기에도 제격이다. 또 누에를 기를 수도 있

제5장 지리산에 남아 있는 남명의 자취

고, 채소를 키울 수도 있다. 그러니 이른바 은자가 숨어서 소요할 만한 곳이다. 【德山洞在智異山東 天王峰一枝 東南來 爲五臺山 爲蘆峴 而東橫於薩川之前 又一枝 東北來 爲鉏 屹山 爲雲象山 自雲象而南橫於三壯之前 與薩川前山 對峙于德川 之左右 曰首陽黔陰 又自鉏屹南來 爲薩川後山 曰九曲 爲三壯後 山 曰楮田 前後諸山 龍蟠虎踞 氣勢雄偉 天王峯水 自法界寺 東流 由薩川村 達社祭峯下 東北流 爲薩川 又自鉏屹山 東流 由上流菴 達獐項洞 南流 爲三壯川 與薩川 合于兩堂村前 是謂德川 盤回屈 曲 不深不淺 入首陽黔陰兩峽 中出德川遷 所謂頭流萬壑門者 此 也 洞天開曠 山水明麗 方可八九里 沿溪上下 一帶長林 盡是桃花 躑躅也 宜於農宜於漁 可以蠶可以菜 所謂隱者之所盤旋者也(『晋 陽誌』권1, 山川)】

이상에서 살펴본 것처럼, '덕산동'이라는 명칭은 남명이 그곳으로 들어가기 이전부터 있었던 이름인데, 남명이 거주함으로써 명실상부한 덕산동이 되었다. 그래서 '큰산처럼 덕이 높은 분이 사는 동네' 또는 '도道가 있는 곳'으로 인식되었다. 즉 남명 이후로 덕산동은 '덕이 높은 남명이 살던 곳'의 의미로 받아들여졌고, 그 덕과 짝이 되는 천왕봉은 '덕이 있는 산'으로

천왕봉

남명과 지리산

서의 이미지를 갖게 되었다.

마지막으로 조선 후기 하달홍河達弘(1809~1877)의 「유덕산기遊德山記」를 소개해 '덕산동'에 대한 이해를 돕고자 한다.

두류산 밑에 사방으로 빙 둘러 읍이 8, 9개 되는데, 모두 산수의 고장으로 일컬어진다. 그런데 진주가 그 중에서 으뜸이다. 진주의 서쪽에 있는 마을이 1백여 개는 되는데, 모두 산수의 마을로 일컬어진다. 그런데 그 중에서 덕산德山이 최고이다. 도구대를 경유해 입덕문에 이르면 양쪽 언덕의 산이 서로 접해 있어 마치 길이 끊어진 듯하다. 입덕문을 지나 사륜동에 이르면 조금 트이고 넓다. 그 사이 10여 리는 우뚝한 바위와 푸른 소나무, 맑은 시내와 격류하는 여울이 있어 모두 즐길 만하다. 옛날 한녹사韓錄事는 고려의 정치가 문란해질 것을 알고서 사륜동에 은거해 나아가지 않았다. 여러 차례 임금의 조서가 이 마을에 이르러서 그 때문에 사륜동이라고 부르게 되었다. 그 뒤 남명 선생이 만년에 이곳에 터를 잡고 사셨다. 시냇가에 몇 칸 정사를 지었는데, 이름을 산천재山天齋라 하였다. 이는 곧 선생이 도를 간직하고 자신을 수양하던 곳이다. 선생은 네 분 성현의 초상을 모셔놓고 있었는데, 선생께서 일찍이 손수 그리신 것이다. 서남쪽으로 1리를 가면 이 고을 사람들이 서원을 세워 남명선생을 제사하는 서원이 나오는데, 덕천서원德川書院이라는 현판이 걸려 있다. 이 서원의 강당은 경의당敬義堂이라고 하는데, '경의敬義는 우리 유가의 일월이다'라는 뜻에서 취한 것이다. 서원 문밖 수십 보쯤 되는 곳에 세심정洗心亭·취성정醉醒亭 두 정자가 있다. 시냇가에 가까이 붙어 있는데, 살천薩川의 물은 서쪽에서 동쪽으로 흐르

제5장 지리산에 남아 있는 남명의 자취

고, 홍계紅溪의 물은 북쪽에서 남쪽으로 흐르다 이곳에서 비로소 합류한다. 시퍼렇게 물이 고여 있는데 거울처럼 맑다. 실을 드리우고 넝쿨을 넣어보아도 못이 하도 깊어 깊이를 헤아릴 수 없다. 시내 위에는 무성한 숲이 있고, 숲 밖에는 넓은 평야가 있다. 혹 시내를 따라 가기도 하고, 혹 정자에 올라 쉬기도 하였다. 푸른 숲과 하얀 시내가 굽이굽이 감돌아 만 가지 기묘한 모양을 드러내니, 그 모습을 다 형상할 수가 없었다. 대개 이곳은 뭇 산의 바깥 변경으로 속세와 동떨어진 곳인데 평평한 육지가 안에 넓게 펼쳐지고 시계視界가 확 뚫렸다. 그러니 이곳이 바로 옛사람들이 이른바 '넓은 듯하고 깊은 듯하다'는 곳이다. 이 두 가지를 겸하여 가진 곳은 유람하면서 가장 만나기 어려운 것이 아니겠는가? 아! 하늘이 대현大賢을 내셨고, 땅은 이름난 구역을 베풀어주었다. 수고롭게 만들었는데 쓸모없을 줄 알았다면, 조물주는 반드시 하지 않았을 것이다.【頭流之下 環而邑者 八九 皆稱山水鄕 而晉爲最 晉之西居而里者 以百數 皆稱山水村 而德山爲最 由陶邱臺 至入德門 兩山相接 殆若路窮 由入德門 至絲綸洞 稍得閒曠 十許里之間 崓巖蒼松 淸流激湍 皆可喜 昔韓錄事 知麗政將亂 隱居不出 屢有絲綸入洞 以是得名 其後南冥先生 晩年卜居于此 溪上有數間精舍 榜之曰山天 卽先生藏修之所也 有四聖賢遺像 先生嘗手自模寫者也 西南行一里 鄕人立書院以俎豆之 額曰德川 堂曰敬義 蓋取敬義吾家日月之義也 院門外十數步 有洗心醉醒兩亭子 逼近溪側 薩川之水 自西而東 紅溪之水 自北而南 至此始合流 黛蓄膏停 洞澈可鑑 垂綸接蔓 渢深莫測 川之上有茂林 林之外有曠野 或緣溪而行 或登亭而息 縈靑繞白 萬狀獻巧 殆不可盡狀 大都群山外塞 迥隔塵寰 平陸內曠 眼界開豁 此古人所謂曠如奧如 兼而有之 非遊觀之最難得者歟 噫 天降大賢 地設名區 是知勞而無用 造物必不爲也(『月村集』 권6, 記)】

남명과 지리산

지금까지 덕산·덕천과 관련된 덕산동을 중심으로 살펴보았다. 앞에서 언급했듯이, 남명이 은거지를 물색하다 이곳으로 들어오게 된 가장 큰 이유는 천왕봉 때문이었다. 덕산에서 천왕봉을 바라보면, 첩첩의 능선 뒤에 하늘과 맞닿아 있는 천왕봉의 위용이 실로 대단하게 느껴진다. 천왕봉은 보는 방향에 따라 그 모습이 참으로 다양하다. 취향에 따라 천왕봉을 바라보는 관점도 제각각이겠지만, 남명은 몸으로 도를 실험하며 실천할 도반으로 천왕봉을 택했기 때문에, 일반인들이 느끼는 것과는 다르다.

나는 유학에서 말하는 천인합일天人合一을 인간이 인도를 부지런히 갈고 닦아 천도에 합하는 것이라고 생각한다. 즉 인간이 정신적으로 하늘과 하나가 되는 것이다. 이러한 사상은 『중용』에 잘 나타나 있다. 인도를 닦아 천도에 합한 사람이 바로 성인聖人이다. 그리고 성인의 대표적인 사람이 공자孔子다.

남명은 25세 때 안연이 되기로 결심한 뒤 부단히 그 길을 걸으며 심신을 수양했다. 안연은 3개월에 한 번 정도만 인仁에서 벗어나고 나머지는 모두 인에 합하는 실천을 한 인물이다. 즉 공자와 종이 한 장 정도 차이의 경지까지 오른 인물이다. 그러니까 인간과 하늘로 말하면 하늘에 거의 다가간 인물이 안연이다. 남명은 천왕봉을 안연으로 보았을 것이다. 그리하여 한 번만 점프하면 성인의 경지인 천도에 이를 수 있

제5장 지리산에 남아 있는 남명의 자취

으리라 생각했을 것이다.

19세기 경상우도 지역의 큰 학자 단계端磎 김인섭金麟燮(1827~1903)은 「천왕봉에 올라[登天王峯]」라는 시에서 "있는 힘을 다해 끝까지 노력해서, 해거름에 비로소 천왕봉에 올랐네. 내 발로 올라 높은 곳에 이르니, 여기서는 위로 하늘에 오를 듯[努力工夫極 薄暳始到巔 自來高占地 此去上通天]"이라고 읊었다. 남명은 덕산에서 바로 이런 마음으로 천왕봉을 대했을 것이다.

남명이 천왕봉을 노래한 「우음偶吟」이라는 시를 보자.

큰 기둥 같은 높은 산이,	高山如大柱
한 쪽 하늘을 지탱하고 있네.	撑却一邊天
잠시도 내려놓은 적 없지만,	頃刻未嘗下
또한 자연스럽지 않음이 없네.	亦非不自然

이 시에서 '고산高山'은 천왕봉일 것이다. 이 고산은 하늘 한 쪽을 떠받치고 있는데, 잠시도 내려놓은 적이 없지만, 자연스럽지 않음이 없다. 무엇을 말하는 것일까? 안연의 경우로 말하자면, 한 순간도 인을 어기지 않지만, 억지로 노력해서 그런 것이 아니고 자연스럽게 어기지 않게 되었다는 것이다. 이는 천도와 합한 경지를 말한다. 즉 '고산'의 이미지를 천도와 하나가 된 것으로 보고, 자신도 그렇게 되고 싶다는 심경을 노래한 것이다.

함양에서 살던 감수재感樹齋 박여량朴汝樑(1554~
1611)은 천왕봉에 올라 "내가 천 길 봉우리 위에 올라
와서 남명선생이 크게 은둔하신 기상을 상상해 보건
대, 천 길 봉우리 위에서 다시 천 길 봉우리를 바라보
는 격이다[方在千仞峯頭 而想像先生肥遁氣象 千仞峯頭 又
望千仞峯也]"라고 하였다. 남명을 만나러 천왕봉에 올
랐더니, 남명은 다시 그만큼 위에 계시더라는 말이
다. 이런 의미에서 나는 남명이 천왕봉과 하나가 되
었다고 말한다. 그리고 천왕봉이 있는 한 남명도 늘
거기에 있다고 말한다.

천왕봉을 바라보면서 남명을 떠올리며 도와 덕을
생각하고, 그 정신을 배워 자기 시대를 비추는 것이
바로 정신문화다. 이것이 발달한 사회가 문명사회다.
거꾸로 이런 것을 전혀 모르고 그저 천왕봉에 올라
'야호!'나 외치는 것은 문명사회라고 말할 수 없다.
우리는 그 문명을 오래도록 지켜왔는데, 오늘날에 이
르러 급작스럽게 잃어버리고 말았다. 참으로 안타까
운 일이다. 그러나 남명이 있고, 천왕봉이 그 자리에
있기 때문에 우리는 그 높은 정신문화를 오늘날 다
시 이룩할 수 있다. 마음만 제대로 먹는다면.

제5장 지리산에 남아 있는 남명의 자취

2. 도구대陶丘臺 · 덕천천德川遷 · 입덕문入德門 · 탁영대濯纓臺 · 수양검음首陽黔陰

산청군 단성면에서 남사마을을 지나 길리를 거쳐 고개를 넘으면 왼쪽으로 진주시 수곡면과 하동군 옥종면 사이를 흐르는 덕천강과 평야가 한 눈에 들어온다. 그 고개 밑이 단성면 창촌리 칠정마을이다. 길은 오른쪽으로 꺾여 절벽 밑을 지나는데, 몇 백 미터쯤 올라가면 음식점과 여관이 있는 마을 끝에서 다시 오른쪽으로 꺾여진다. 바로 그 꺾여지는 지점 왼쪽 강가의 약간 불룩한 언덕이 도구대陶丘臺다. 아마도 꽤 높은 언덕이었는데, 길을 내면서 깎아 냈기 때문에 낮아진 듯하다. 그리고 그 대 밑의 시퍼런 못이 태연苔淵이다. 이 태연 바위 위에서 덕천德川의 물과 백운동白雲

도구대

洞에서 흘러내린 물
이 만난다.

도구대는 남명의
문인 도구陶丘 이제
신李濟臣(1510~1582)이
그 주변에 은거함으
로써 붙여진 이름이
다. 능허凌虛 박민朴
敏(1566~1630)의 6대손
으로 진주 나동에 살
던 눌암訥庵 박지서

도구대 밑의 태연

朴旨瑞(1754~1819)는 도구대의 풍경과 고사를 다음과
같이 말하였다.

　　백운동의 물이 덕천 하류에 합해 도구대 밑에 이
르러서 모여 못이 되었다. 도구대는 그 못 뒤에 있는
데, 푸른 강물에 격렬한 여울이어서 옥구슬 같은 하얀
물방울을 뿜어대며 세차게 흐른다. 층층의 남기와 겹
겹의 산봉우리가 병풍처럼 빙 둘러 펼쳐져 있다. 이곳
의 경관은 깨끗하고 상쾌하고 시원하게 뚫려 사람들
로 하여금 마치 낭풍산閬風山에 오른 듯, 한문寒門에 날
아오른 듯이 성대한 기분을 느끼게 한다. 깊은 숲과 깊
숙한 계곡, 붉은 노을에 비췻빛 연무, 하얀 돌에 푸른
절벽이 눈에 들어오며, 짙은 소나무와 늙은 노송나무
가 뒤섞인 산에 기이한 산새들이 흡사 그림 속의 풍경
과 같아 사람 사는 마을의 기상이 아니다. 이곳은 대체
로 덕천에서 첫 번째 만나는 곳으로 제일의 아름다운

제5장 지리산에 남아 있는 남명의 자취

경치이다. 고 처사 도구공陶邱公이 은거하여 깊숙이 처했던 곳이라고 한다. 도구공은 성이 이씨이고, 이름은 제신濟臣이며, 자는 언우彦遇이다. 명나라 정덕연간正德年間(1506~1521)의 사람이다. 사람됨이 기이하고 빼어났는데, 숨어서 알아주는 임금을 만나지 못했다. 처음 의춘宜春의 자굴산闍堀山에 살다가 중년에 남명의 문하에 들어왔고, 덕산동德山洞으로 들어와 가족을 데리고 와서 살았다. 그는 수석이 맑고 그윽한 곳을 만나면 문득 그곳에 살았다. 그러나 오래되면 그곳을 떠나 정해진 곳이 없었다. 이 산에 거주한 옛터가 천석을 따라 위아래에 세 곳이 있다고 한다. 대의 이름을 도구라고 한 것은 옛날 사람이 기와를 굽던 언덕이라는 뜻을 취한 것이다. 【洞之水 合於德川下流 而至陶邱臺下 匯而爲淵 臺在淵上 滄江激湍 噴玉而奔流 層嵐疊嶂 繞屛而布濩 其蕭灑爽豁 便令人若登閬風扣寒門而隱隱 窮林邃壑 丹霞翠烟 白石蒼崖 雜以深松老檜 怪鳥奇禽 殆畵圖光景 非烟火氣像 盖德川初到 第一觀佳勝 而故處士陶邱公 隱居幽處云 陶邱公 姓李 名濟臣 字曰彦遇 皇明正德間人也 奇偉卓犖 隱而不遇 居于宜春闍堀山 中及南冥 入德山洞 挈家而至 遇水石淸幽 則輒居之 而久則去 無定所 山居古墟 從泉石 上下有三處云 臺之以陶邱名者 以昔人陶瓦之邱(『訥庵集』 권4)】

도구는 기인奇人이었다. 그는 여러 가지 기이한 일화를 남겼는데, 남명의 문인 각재覺齋 하항河沆(1538~1590)은 만사에서 "신인神人·이인異人·불기인不羈人 이 셋이 합해 하나가 된 사람이다"라고 하였다. 이 말은 후대에 도구를 상징하는 말로 회자되었다.

이곳으로부터 덕산동까지는 덕천이 가운데 흐르고 그 좌우에 높은 산이 길게 뻗어 있는 협곡이다. 예

남명과 지리산

전 사람들이 덕산으로 유람을 할 적에 제일 처음 만나는 곳이 도구대이기 때문에 이곳에 이르면 잠시 쉬면서 도구를 떠올렸고, 시를 한 수씩 짓기도 했다. 여기서 곽종석郭鍾錫(1846~1919)과 송호문宋鎬文(1862~1907)의 시를 한 수씩 차례로 들어본다.

우뚝한 푸른 절벽 짙은 그늘이 드리우고,	蒼然峭壁結重陰
밑에는 차가운 못 끝없이 깊기만 하네.	下有寒潭無底深
서쪽 방장산으로 가는 첫 번째 굽이,	西來方丈最初曲
남명 선생 마음을 반쯤은 이미 알겠네.	已識冥翁强半心
신인神人 이인異人 불기인不羈人 셋이 합해 하나 된 이,	神異不羈三作一
사람과 대와 땅이 예로부터 지금까지 전해지누나.	人臺與地古傳今
그런데 세상의 운수가 무너진 뒤로부터는,	自從氣數壞漓後
바위도 파손되고 솔도 꺾였으니 누가 다시 금하리.	石破松摧誰復禁

강가의 길 아득하고 산간의 해 저무는데,	江路悠悠山日陰
도구대에 오르니 바람에 흔들리는 나무숲.	陶丘臺上振風林
천 길 위태로운 바위에 선 광인의 자태,	千蹲危石狂奴態
한결같이 푸른 먼 산봉우리에 달관하는 마음.	一碧遙岑達觀心
정신을 전한 시구의 세 사람이 합했다는 말,	傳神傑句三人合
백세 지난 지금도 올라가 벗하고픈 그윽한 회포.	尚友幽懷百世今
구름과 학이 들쭉날쭉 높은 봉우리로 지나고,	雲鶴參差喬嶽去
후생이 찾아와 부질없이 긴 신음을 토하네.	後來謾此費長吟

도구대를 지나 오른쪽 계곡으로 들어가면 백운동이 나온다. 백운동으로 들어가지 않고 약간 왼쪽으로 돌아서 덕산 방면으로 약 5~6백 미터쯤 가면 왼쪽에 휴게소가 있다. 그리고 조금 더 가면 오른쪽 산언덕

제5장 지리산에 남아 있는 남명의 자취

덕문정

을 깎아 만든 도로변에 '입덕문入德門'이라는 석각石
刻이 있는 바위가 보인다. 이 바위는 원래 그곳에 있
던 것이 아니라, 왼쪽 덕천 가 벼랑에 있던 것을 도로
를 내면서 옮겨 놓은 것이다.

　덕천 가에 있는 휴게소 끝에 정자가 하나 있는데,
최근에 지은 덕문정德門亭이다.

　그곳으로부터 덕천을 따라 벼랑에 길이 나 있었
는데, 지금의 도로가 나기 이전에는 이 벼랑길이 통
로였다. 그래서 예전 사람들이 이곳의 이름을 '덕천
벼리[德川遷]'라고 하였다. 한자로 천遷자는 우리나라
에서 '벼랑'·'벼리'라는 뜻으로도 쓰였다. 이곳은 덕
산으로 들어가는 데 있어 병목 같은 곳으로 관문에
해당한다. 시내를 따라 절벽 밑에 난 좁은 길이기 때

남명과 지리산

덕천벼리

문에 '덕천벼리'라는 이름이 붙은 것이다. 그래서 예전에는 이곳을 '두류만학문頭流萬壑門'이라고도 불렀다. 즉 '두류산 온갖 골짜기로 들어가는 관문'이라는 뜻이다.

'입덕문入德門'이라는 글씨는 원래 이 덕천벼리에 있었는데, 길을 내면서 글씨가 새겨진 돌을 떼어다 옮겨 놓은 것이다. 최근에 길을 넓히면서 다시 옮겨 받침돌을 설치하여 빗돌처럼 만들어 놓았다. 이 '입덕문'이라는 글씨는 원래 도구 이제신이 썼다고 한다. 그런데 뒤에 배대유裵大維(1563~1632)가 다시 써서 새겼다고 전한다(朴旨瑞,『訥庵集』권4,「陶丘臺記」). 세상에는 이제신의 글씨로 알려졌는데, 지금 전하는 것은 배대유의 글씨인 것이다. 배대유는 영산靈山 사람으

제5장 지리산에 남아 있는 남명의 자취

입덕문

로 정인홍鄭仁弘의 문인이다.

입덕문은 남명이 있는, 즉 도가 있는 곳으로 들어가는 관문이기 때문에, 이곳을 유람하는 사람들은 입덕문을 그냥 지나치지 않았다. 그곳에 잠시 머물며 남명을 떠올렸고, 도를 생각했고, 자기 시대를 근심했다. 지금은 차를 타고 훌쩍 지나치지만, 덕천벼리를 지나면서 입덕문을 보면 감회가 남다를 것이다. 걸어가야 제맛이 나는데, 모두들 차를 타고 지나치니 그 맛을 아는 사람이 적은 것이다.

산청군에서는 이 덕천벼리를 복원하여 관광자원으로 만들 필요가 있다. 최근 남해군에서는 전설 속에 나오는 '서불과차徐巿過此'라는 석각을 가지고 세미나를 개최해 관광자원화 해야 한다고 야단법석이다. 그에 비하면 이런 곳은 마치 주자가 살던 무이정사武夷精舍로 가는 입구와 다를 바 없는 곳이다. 그러니 그 경중이 어떠하겠는가?

남명과 지리산

여기서 잠시 입덕문을 읊은 시 몇 수를 감상해 보
기로 한다.

① 「입덕문에서 조죽음趙竹陰－희일希逸－의 시에 차운함[入德門次趙竹陰希逸韻] 2수」

구곡봉 앞에 덕인이 살던 마을 있는데,	九曲峯前德有村
시내는 동으로 흘러 정면에 문을 열었네.	川流東放正開門
진인을 찾아 유람 온 이들 입구를 알리니,	訪眞游子賴知入
원두源頭를 향해 가서 지론을 구하시길	須向頭原求至論

어찌 하늘로 가는 다리 위의 마을을 찾으리,	何事天津橋上村
허공중의 누각은 들어가려 해도 문이 없다네.	空中樓閣入無門
이로써 육식과 채소를 늘 쓰는 줄 알겠으니,	賴知肉菜尋常用
상등에 이르러야 바야흐로 태극론을 듣는다네.	上達方聞太極論

② 「두류산을 유람한 기행[遊頭流山記行]」

초년에는 길을 잃고 갈림길에 서서,	初年失路路多岐
소경이 더듬거리듯 갈 곳을 잃었었지.	摘埴倀倀迷所之
입덕문 앞에서 큰 잠을 깨고 난 뒤,	入德門前醒大寐
우리 도가 여기에 있는 것을 알았네.	也知吾道在於斯

③ 「이숙진李叔眞이 덕산을 유람하고 쓴 여러 편의 시에 차운하여 지은 다섯 수,
입덕문[次李叔眞遊德山諸作五首 入德門]」

선생님 계시던 곳이 이 안에 있는데,	夫子宮墻在此間
‘덕’자로 지은 문이름 태산처럼 우러르네.	門名以德仰如山
후생이 절룩거리며 찾아온 날에,	後生跛躄登來日
성성惺惺이 깨달음의 관문임을 완연히 들었네.	宛聽惺惺是覺關

제5장 지리산에 남아 있는 남명의 자취

④ 「입덕문入德門」

한 걸음 높아질수록 한 길은 머리에 있고,　　　一步漸高一路頭
눈 앞의 강물은 성대한 기세로 흐르누나.　　　眼前江水浩然流
우리 도는 정녕 어느 곳에 의지할 것인가?　　　吾道丁寧何處寄
신명사 속에서 수렴하는 공부를 해야 하리.　　　神明舍裏可功收

⑤ 「입덕문入德門」

입덕문 안으로 곧게 난 실 같은 한 가닥 길,　　　入德門中條路直
탁영대 아래의 맑은 옥구슬처럼 흐르는 물.　　　濯纓臺下玉流澄
하늘에 오를 수 있고 물가에서 비춰볼 수 있으니,　行可登天臨可鑑
이 사이에서 어찌 굳이 문장이 일어나길 기다리리.　此間何必待文興

①은 하홍도河弘度(1593~1666)가 경상감사 조희일趙希逸과 함께 덕산을 유람하면서 쓴 시고, ②는 박태무朴泰茂(1677~1756)가 쓴 시고, ③은 이지용李志容(1753~1831)의 문인 이우윤李佑贇(1792~1855)이 쓴 시고, ④는 김진호金鎭祜(1845~1908)가 쓴 시고, ⑤는 곽종석郭鍾錫(1846~1919)이 쓴 시다. 이들은 경상우도 지역에서 이름 높은 학자들이다. 이들은 덕산으로 들어가면서 입덕문에 이르러 감회를 금치 못하고 남명을 그리워하는 마음을 진솔하게 드러냈다. ②와 ④를 보면, 모두 '도'를 말하고 있다. 남명은 바로 유학의 도를 체득한 인물이고, 덕산동은 바로 그 도가 있는 곳으로 인식한 것이다.

덕천벼리의 '입덕문'이라는 글씨가 새겨져 있던

곳 앞의 시내에는 수십 명이 앉을 수 있는 반석盤石
이 있다.

그리고 그 벼랑 쪽으로 우뚝한 바위가 하나 있는
데, 이를 '탁영대濯纓臺'라 한다. 지금도 바위에 '탁영
대濯纓臺'란 글씨가 또렷하게 남아 있다. '탁영濯纓'
이라는 말은 '갓끈을 씻는다'는 뜻으로, 중국 고대의
민요 창랑가滄浪歌에 나오는 말이다.

창랑滄浪은 강물의 이름으로, 『맹자』 「이루離婁
상上」에 다음과 같이 말하였다.

맹자가 말씀하시기를 "… 어린아이들이 부르는 노
래에 창랑의 물이 맑으면 나의 갓끈을 씻을 것이고, 창
랑의 물이 탁하면 나의 발을 씻으리라"라고 하는데,

덕천벼리 옆의 반석

제5장 지리산에 남아 있는 남명의 자취

공자께서 말씀하시기를 "애들아! 잘 들어보아라. 물이
맑으면 이에 갓끈을 씻고, 물이 탁하면 이에 발을 씻는
다고 하니, 물이 스스로 그것을 취한 것이다[有孺子歌曰
滄浪之水淸兮 可以濯我纓 滄浪之水濁兮 可以濯我足 孔子曰 小
子聽之 淸斯濁纓 濁斯濯足矣 自取之也]"라고 하였다.

아이들이 부르는 창랑가를 듣고서, 공자는 남을
탓하기보다는 물의 입장이 되어 '스스로 그것을 취
한다[自取之]'의 뜻으로 받아들였다. 맹자는 공자의
이 말을 취하여 개인이건, 가정이건, 국가이건 스스
로 업신여김을 당할 만한 원인이 있기 때문에 남들
이 업신여긴다는 해석을 하였다. 창랑가로 보면, 사
람들이 갓끈을 씻을 물은 깨끗한 물이다. 즉 탁영대
라 이름한 것은 물이 깨끗하여 갓끈을 씻을 만하다

덕천벼리의 탁영대

남명과 지리산

는 뜻이고, 그것은 곧 그 물이 흘러 내려오는 상류의
깨끗함을 말한다. 입덕문이 덕이 있는 곳으로 들어가
는 관문이듯이, 탁영대도 그 위에 한 점 티끌도 없는
맑은 물이 흘러내리는 근원이 있음을 상징한다. 탁영
대 위쪽에는 맑은 물이 흘러나오는 원두源頭가 있음
을 암시하니, 원두는 바로 도를 말한다.

　조선 후기 면우俛宇 곽종석郭鍾錫은 탁영대에서
다음과 같이 읊었다. 제목은 「탁영대에 올라[登濯纓
臺]」이다.

내 창랑의 물을 따라 오다가,	我從滄浪來
길가에서 탁영대를 만났네.	行逢濯纓臺
탁영대 위에는 소나무가 바람소리 읊고,	臺上松吟風
탁영대 아래에는 물이 앙금을 끊어버리네.	臺下水絶滓
탁영대 위의 소나무에 갓을 걸고,	掛冠臺上松
탁영대 아래 맑은 물에 갓끈을 씻네.	濯纓臺下水
고인은 여기서 만날 수 없으리니,	古人不可見
갓끈을 다 씻고 나면 마음도 시들하리.	濯罷心還醒
다시 근원을 찾아 올라가고자 하니,	更欲尋源上
위에는 마음을 씻는 세심정이 있기 때문.	上有洗心亭

　입덕문이 있는 덕천德川 좌우는, 왼쪽에 두방산이
뻗어내리고 오른쪽에 수양산이 뻗어내려 길게 협곡
을 이루었는데, 이곳을 '수양검음首陽黔陰'이라 한다.
(『진양지』) '수양'은 수양산首陽山에서 따온 것이고,
'검음黔陰'은 '검고 그늘지다'는 뜻이다.

　이곳의 경관을 『진양지』에 실린 남효온南孝溫의

제5장 지리산에 남아 있는 남명의 자취

수양검음

유산록에는 다음과 같이 묘사해 놓았다.

남추강南秋江의 유산록에 "덕천벼리를 따라 위로 올라가며 아래로 긴 시내를 바라보니, 시내 양쪽 언덕이 가을철 협곡으로 물들어 산은 비단으로 수를 놓은 듯하고, 맑은 물 속에는 물고기가 노닐며, 나무 위에는 산새들이 날고 있다. 시내의 수석은 기이하고 웅장하여 눈을 즐겁게 하였다"라고 하였다.【南秋江遊山錄云 從德川遷 上行下瞰長川 川之兩岸 秋峽山束錦繡 鏡裏魚遊 樹上鳥飛 川下水石奇壯 已悅人目(『晋陽誌』 권1, 山川)】

'수양검음'이라는 이름도 요즘 사람들은 대부분 모른다. 그러나 우리 국토 산하에는 이처럼 의미 있는 이름들이 참으로 많다. 이런 이름을 알고, 그 이름을 통해 역사와 문화를 아는 것이 교양이다. 이 땅에 사는 사람이 익혀야 할 건전한 소양인 것이다. 교양

남명과 지리산

이 있어야 상식이 생기고, 상식이 있어야 도가 보존
될 수 있다.

3. 백운동白雲洞

　도구대를 지나자마자 오른쪽으로 접어들어 조금
가다가 왼쪽 산기슭을 따라 약 3㎞가량 올라가면 영
산산장이 나온다. 영산산장 조금 못미처 갈림길이 나
오는데, 갈라지는 지점 바위에 '용문동천龍門洞天'이
라는 네 글자가 붉은 글씨로 새겨져 있다. 그런데 땅
에 닿아 있어 얼핏 보면 찾을 수 없다. 백운동천白雲
洞天을 후대에 용문동천이라고도 하였다. 그것은 백
운동 계곡에 용문폭포 등의 이름이 있는 것을 보면
알 수 있다.

　그 바위 뒤에 논이 있
는데, 논 안 쪽에 또 바위
가 있다. 길에서 보면 잘
보이지 않지만, 그 바위에
다가가 보면, 또렷하게 '백
운동白雲洞'이라고 쓴 글씨
가 보인다. 말하자면 이곳
부터가 백운동임을 표지하
기 위해 새긴 석각이다.

'용문동천' 석각

'백운동' 석각

이로부터 이름 붙은 폭포와 소沼·암巖·대臺 등이 무려 17곳이나 있다(손성모, 『산청의 명소와 이야기』). 그리고 바위에는 '영남제일천석嶺南第一泉石'·'남명선생장구지소南冥先生杖屨之所' 등 석각이 눈에 띈다.

남명이 이 백운동을 세 번 유람하여 일명 '삼유동三遊洞'이라고도 한다. 하달홍河達弘(1809~1877)의 문집에 보면, 「다시 백운동에 들어가다. 남명선생이 일찍이 세 번 이 곳에 들어오셔서 세속에서 삼유동이라 부른다[再入白雲洞 南冥先生甞三入洞中 俗號三遊洞]」라는 시제목이 있다. 그렇다면 남명이 58세 때 지은 「유두류록」에는 당시까지 '백운동으로 들어간 것이 한 번'이라고 하였으니, 덕산으로 이사오기 전에 한 번, 이사를 한 뒤에 두 번 백운동을 찾은 것을 알 수 있다.

남명이 백운동을 유람하면서 입구에 소나무 한 그루를 심어 놓았는데, 3백 년 뒤 이 지역 사람들은 백운동을 유람하면서 그 소나무를 보고 남명을 그리워했다. 1893년 단오날 용문폭포 위의 바위에 '남명선생장구지소南冥先生杖屨之所' 8자를 새기는 회합을 갖고

남명과 지리산

'영남제일천석' 석각

그 일을 기록한 물천勿川 김진호金鎭祜(1845~1908)는 이 소나무에 대해 「백운동각남명선생유적기白雲洞刻南冥先生遺蹟記」에 다음과 같이 기록해 놓았다.

백운동 입구에 또한 손수 심어 놓은 고송이 있는데, 선생이 돌아가신 뒤로 지금까지 322년이 된다. 그런데도 울창한 소나무는 의젓하게 추위에도 꿋꿋하여, 인인仁人・지사志士가 병화兵火와 시운時運이 바뀌는 변화를 겪으면서도 강건하고 굳세게 꺾이지 않는 기상이 있는 것과 같은 풍모가 있다. 그러니 또한 우러러 공경할 만하다.

그러나 안타깝게도 지금은 그 소나무가 남아 있지 않다. 이 소나무에 관해 이 지역 여러 노장들께 여쭈어봤지만, 아는 분이 한 분도 없었다. 아마도 일제침략시기 초에 몰지각한 사람들이 베어버린 것이

제5장 지리산에 남아 있는 남명의 자취

아닐까 싶다. 이 소나무에 관한 시 한 수를 인용해
본다.

백운동 구름은 솜 같기도 하고 연기 같기도 하여,	洞雲如絮又如煙
앞에서 나의 행차를 인도해 물가에 이르렀네.	前導吾行到水濱
하얀 돌 맑은 물은 명승의 구경거리 겸했고,	白石清流兼勝賞
따스한 바람 맑은 해는 아름다운 날을 택했네.	暖風晴日占佳辰
남명 선생 손수 심은 소나무 아직도 남았는데,	冥翁手植松猶在
도구 선생의 황량한 대에는 풀만이 봄을 맞네.	陶老荒臺草自春
이 위에 별천지가 열렸다는 말 들었으니,	聞說上頭開別界
내년에 다시 와서 진경을 찾으리라.	擬將來歲更尋眞

이 시는 하달홍이 지은 「유백운동遊白雲洞」 2수
가운데 한 수이다.

남명이 백운동에서 읊은 시는 아래와 같은 한 수
밖에 없다.

천하 영웅들이 부끄러워 할 만한 것은,	天下英雄所可羞
일생의 노력이 유留 땅에 봉해지는 데 있는 것.	一生筋力在封留
청산은 무한하고 봄바람은 얼굴을 스치는데,	青山無限春風面
서쪽을 치고 동쪽을 정벌해도 다 이룰 수 없네.	西伐東征定未收

이 시는 제목이 「유백운동遊白雲洞」인데, 언제 지
은 것인지는 알 수 없다. 내용상으로 미루어 보면, 덕
산으로 이사 오기 전에 지은 듯하다. '유留 땅에 봉해
진 사람'은 한 고조漢高祖가 한나라를 창업하는 데
큰 공을 세워 유후留侯에 봉해진 장량張良이다. 물천
김진호는 이 시를 두고, '남명이 장량의 일을 빌어 스

남명과 지리산

스로를 탄식한 것'
이라고 하였다. 그
렇다면 이 시는 남
명이 지리산으로 들
어오기 전에 쓴 것
임을 알 수 있다.

1893년 물천 김
진호는 '남명선생장
구지소' 8자를 새기
고 지은 「백운동에

'남명선생장구지소' 석각

'남명선생장구지소南冥先生杖屨之所' 8자를 바위에 새
긴 뒤 운자를 정해 그 일을 읊어서 산중고사로 갖추
어 놓음[白雲洞刻南冥先生杖屨之所八字于石 因拈韻賦其事
備山中古事]」이라는 시에서 다음과 같이 노래하였다.

백운동 흐르는 물소리 고금에 들리는데,	白雲流水古今聽
성성惺惺한 패옥소리 이 곳을 지났었네.	玉珮惺惺此地經
그 유풍 수습한 소나무는 늙어도 푸르구나,	收拾遺風松老碧
아름다운 발자취 취해다 푸른 돌에 새기네.	取將芳躅石剜靑
가슴속에 선생을 우러르는 생각 없지 않지만,	非無卷裏羹墻想
이 세상의 취중 꿈속에서 깨어나길 바란다네.	聊欲人間醉夢醒
한 건의 부본副本이 이곳에 있는 줄 아니,	一件副封知在是
훗날 이곳을 찾을 적에도 그 마음 그침 없기를.	他時遊賞也無停

손성모 선생이 지은 『산청의 명소와 이야기』에
의하면, 이 백운동에 자주 찾아와 시를 주고받으며

즐긴 일곱 분이 있어 '백운동 칠현白雲洞七賢'이라 하는데, 그 이름은 다음과 같다. 단계端磎 김인섭金麟燮(1827~1903), 석범石帆 권헌기權憲璣(1835~1893), 만성晩醒 박치복朴致馥(1824~1894), 소계小溪 유도기柳道夔(? ~ ?), 월고月皐 조성가趙性家(1824~1904), 약헌約軒 하겸락河兼洛(1825~1904), 동료東寮 하재문河載文(1830~1894)이다. 이 백운동 칠현은 물천 김진호보다 한 세대 앞선 인물들이다. 그러니까 이들이 백운동을 즐겨 찾던 시기는 대략 1870년대로 추정된다.

구한말 진주에 살던 우산愚山 한유韓愉(1868~1911)는 「백운동」이라는 시에서 다음과 같이 노래했다.

남명 선생은 백세의 영원한 스승,	山海先生百世師
도를 거둬 품고 이 산 북쪽에서 늙고자 했네.	卷懷欲老山之北
화산華山의 반을 빌어 살려던 계책 어긋났지만,	華山一半終相違
이 작은 동네가 어찌 큰 덕을 포용할 수 있으리.	小洞安能容大德

화산華山은 중국의 오악五嶽 중 서악西嶽에 해당하는 큰 산이다. 남명은 58세 때 지은 「유두류록」에서 '평생의 계획은 화산의 반을 빌려 일생을 마칠 장소로 삼는 것'이라고 하였기 때문에, 그 말을 끌어다 쓴 것이다. 우산은 남명을 백세의 스승으로 추앙하면서, 백운동이 너무 좁아 그의 덕을 포용할 수 없다고 노래하고 있다.

이처럼 근세까지 경상우도 지역 선인들은 백운동을 찾아 남명을 그리워하고 추앙하였다. 그러나 지금

남명과 지리산

백운동 계곡

은 현인의 유적지를 찾아 옛일을 회고하며 현실을
걱정하는 사람들이 거의 없다. 여름 한철 온갖 음식
을 싸 가지고 와서 옷을 훌훌 벗어제치고 희희낙락
할 뿐이다. 대부분의 사람들은 그곳이 남명의 유적지
인지조차 모른다. 그러니 조선 후기 이 지역 최고 지
식인들이 찾아와 남명을 그리워하던 마음을 어찌 알
랴! 한심한 일이다. 세태 풍조가 이렇게 야박하게 되
었으니, 최고의 문명을 자부하던 나라 백성들이 이제
는 거의 오랑캐나 다름없는 천박하고 속된 사람이
되어 버렸다. 아! 나는 살아갈수록 이런 탄식이 더한
다. 어찌할꼬?

4. 산천재山天齋와 덕천서원德川書院

수양검음을 지나 덕산동 입구로 들어서면 사륜동絲綸洞이 나온다. 지금은 그냥 사리絲里라고 한다. 그곳에 왼편으로 산천재山天齋가 있고, 오른쪽에는 최근에 건립한 남명기념관이 있다. 남명기념관에는 남명의 신도비·남명석상 및 가묘 등이 있다.

신도비는 우암尤庵 송시열宋時烈(1607~1689)이 지은 신도비명병서神道碑銘幷序를 근세에 새겨 세운 것이다. 그전에는 미수眉叟 허목許穆(1595~1682)이 지은 신도비명병서가 새겨져 있었는데, 1900년대 초에 파기하고 우암의 글을 새겨 새로 세웠다고 한다. 이것이 덕산비사건德山碑事件이다.

석상은 남명탄신 5백주년 기념으로 세운 것인데, 중국에서 만들어 온 것이다. 우리나라에는 예전부터 석상이나 소상 등을 세우지 않았다. 그러나 중국 사람들은 소상이나 동상을 세

남명기념관 전경

남명과 지리산

위 기념하는 경우가 많다. 이
석상은 우리가 생각하는 남명
과 거리가 있다. 역사상 가장
위대한 처사處士로서의 모습
은 찾아보기 힘들고, 후덕한
정승이나 장군 같은 느낌을 준
다. 평생 재야에서 고뇌에 찬
삶을 산 구도자의 모습이 아니
다. 너무 풍만하다. 세상 걱정
없이 비대한 몸짓으로 살아 온
지배층의 모습이다. 인류 역사
상 가장 모범적이고 가장 위대
한 처사의 모습이 이럴 수는
없지 않을까?

우리는 아무도 남명을 직
접 본 사람이 없다. 그러나 그
정신을 느낄 수 있다. 그렇다
면 그 정신을 드러내야 하지
않을까? 역시 안타까운 일이
다. 정신을 올바로 알지 못하
면, 후대의 추숭사업은 자칫
잘못하면 맹목적 숭배로 흐르
게 된다. 그러면 모든 것을 잃
게 된다. 참으로 정신을 바짝

남명 신도비

남명 석상

제5장 지리산에 남아 있는 남명의 자취

가묘

차려야 할 때이다.

가묘는 남명의 후손 집에 있던 사당이다. 남명기념관 뒷산 언덕에 남명의 묘가 있다. 오늘날에도 풍수는 민간신앙으로 널리 유행하고 있다. 그래서인지 남명의 묘소에는 풍수객들이 관광버스를 타고 오는 경우도 있다. 남명의 묘에 가서 남명은 만나려 하지 않고, 패철을 놓고 형국을 논한다. 제사에는 관심이 없고 젯밥에만 관심이 있다더니, 딱 그 꼴이다. 그래서 나는 이렇게 말한다.

남명 선생을 만나려거든 덕산으로 가라
덕산으로 가서 딴 데로 가지 말고 묘소로 가라
소주 한 병 사들고 걸어서 묘소로 가라
신발을 벗고

소주 한 잔 올리고
절 두 번하고
선생에게 물어보라
당신은 그 험한 세월을 어떻게 버텼냐고
당신은 그 많은 유혹을 어떻게 뿌리쳤냐고
당신은 그 또렷한 정신을 어떻게 성취했냐고
그리고 서럽거든 펑펑 울어보라
잃어버린 생모를 만난 것처럼
눈 두렁이 퉁퉁 붓도록 울어보라
왼 종일 앉아서 울어보라

산천재는 앞에서 언급했듯이 남명이 만년에 자기도를 실험하며 완성한 곳이다. 「남명선생편년」 등에는 61세 때인 1561년 이곳으로 이사하였다고 되어 있는데, 남명의 문인 성여신成汝信이 지은 『진양지』에는 1560년으로 되어 있다. 예전 사람들은 지금처럼 아라비아숫자로 연도를 기억하거나 표기하지 않고, 육십갑자로 기억하였다. 게다가 고증이 철저하지 못해 착오를 일으키는 경우가 종종 있다. 착오를 일으킨 점은 철저한 고증이 필요하지만, 이런 고증에만 매달리면 청나라 말기 고증학의 폐단처럼 지엽적인 문제에만 천착하여 본지本旨를 잃어버리게 된다. 실증주의는 필요하지만, 그쪽으로만 치우치면 하나를 얻으려다 아홉을 잃게 된다.

성여신이 지은 『진양지』에는 남명이 만년에 이사하여 살던 상황을 다음과 같이 묘사하고 있다.

제5장 지리산에 남아 있는 남명의 자취

사륜동은 양당촌 동쪽에 있다. 옛날 산골 사람들이 그곳에 살았다. 가정연간嘉靖年間 경신년(1560) 남명 선생이 삼가 토동兎洞에서 가족을 데리고 이곳으로 거처를 옮기셨다. 산천재를 짓고서 도를 간직하고 자신을 수양하는 장소로 삼았다. 집 앞에 대들보 없이 짚으로 엮은 정사精舍 한 칸이 있어서 바람을 쐬고 시를 읊조리는 곳으로 삼았는데, 바로 상정橡亭이다. 【絲綸洞在兩堂村東 古有山氓居之焉 嘉靖庚申 南冥先生 自三嘉兎洞 挈家卜居焉 築山天齋 以爲藏修之地 家之前 又草構無樑舍一間 以爲風詠之所 乃橡亭也(『晉陽志』 권1, 山川」)】

산천재 참나무

산천재 앞에 있던 상정橡亭은 지금 그 자취를 찾아볼 수 없다. 남명이 지은 「제덕산계정주題德山溪亭柱」라는 시의 '계정溪亭'이 바로 이 상정이다. 그런데 산천재 옆에 지금도 고송古松 세 그루가 있고, 그 중간에 참나무[橡] 한 그루가 있다. 이 참나무도 고목이다. 나는 최근에야 이 나무에 주목하게 되었

남명과 지리산

다. 소나무는 남명이 제일 좋아하던 나무다. 남명은 소나무를 시로 노래했을 뿐만 아니라, 손수 여러 그루를 심었던 것으로 추정된다. 그렇다면 이 나무도 예사로운 소나무가 아닐 것이다. 남명이 직접 심은 것인지는 확인할 길이 없지만, 남명의 정신을 느끼게 해 주는 나무임에는 틀림없다.

그런데 참나무는 남명이 상정을 지을 당시 나무인지, 아니면 후인이 심은 것인지 알 수 없지만, 남명이 초가 정자의 이름을 '상정橡亭'으로 지은 것은 주변에 참나무가 있었기 때문인 듯하니, 바로 참나무 근처가 상정이 있던 자리라고 추정해 볼 수 있다. 지금은 덕천이 산천재에서 멀리 떨어져 있지만, 불과 십수 년 전만 해도 참나무 밑에 덕천의 지류가 흐르고 있었다. 그러니 참나무 밑 시냇가에 정자를 지을 만하다.

이 산천재는 남명이 별세한 뒤 한 동안 없어졌다가 1800년대 초에 복원되었다. 건축학을 전공하는 모 교수의 말에 의하면, 이 건물은 조선 후기에 지어진 것임에도 조선 전기의 양식이 가미되어 있다고 한다. 이 건물은 정면 삼 칸으로 되어 있는데, 중앙 바깥쪽 벽면에 그림이 세 폭 그려져 있어 세인들의 관심을 끈다. 그림은 밭가는 농부의 모습, 바둑을 두는 모습, 차를 달이는 모습 등인데, 이를 두고 남명이 농사에 관심을 가졌다느니, 신선술을 좋아했다느니 하는 등

제5장 지리산에 남아 있는 남명의 자취

산천재 벽화

의 여러 추측이 난무한다. 그러나 이를 입증할 문헌 자료는 아직 발견되지 않고 있다. 따라서 산천재를 복원하면서 무슨 의도로 그런 그림을 그려 넣었는지는 알 길이 없다.

산천재는 그런 것이 중요한 것이 아니고, 남명이 마지막으로 자신의 도를 실험하며 완성한 장소라는 데 그 의미가 있는 것이다. 세인들은 도에 관심이 없고, 그림이나 건물에만 관심이 있다 보니, 자꾸 그런 쪽으로만 관심이 증폭되는 것 같다. 앞에서 말했듯이, 남명은 이곳에서 생을 마감할 때까지 12년 동안 자신을 강건하고 독실하고 빛나게 하며 매일 같이 자신의 덕을 새롭게 변화시켜 나갔다. 우리가 본 받아야 할 점은 61세가 넘은 노인이 매일 자신의 덕을 향

남명과 지리산

상시키기 위해 몸으로 실천을 하고 마음으로 반성하
는 구도적 수행을 하루도 게을리 하지 않았다는 것
이다. 요즘에 그런 이가 어디 있던가? 아니 우리 역사
속에 오직 남명만이 그렇게 했다. 이 점이 바로 후세
에 남명을 영원한 스승으로 추앙하게 한 것이다.

　남명의 문인 개암介庵 강익姜翼(1523~1567)은 함양
사람인데, 산천재에 와서 남명에게 수학하였다. 그는
남명을 모시고 공부하는 즐거움을 다음과 같이 노래
하였다.

흰 달은 밝아 가을날 빨래한 옷 같고,	素月明秋練
맑은 시내 고요하여 물결도 일지 않네.	澄流靜不波
봄바람이 좋아 밤새도록 앉아 있으니,	春風坐一夜
이 참된 맛이 정히 어떠하리.	眞味正如何

　이 시의 제목은 「산천재에서 남명 선생을 모시고
달구경하다[山天齋侍南冥先生賞月]」이다. 이 시에서 '흰
달의 밝음[素月明]'과 '맑은 시내의 고요함[澄流靜]'은
바로 남명의 정신세계다. 밝음[明]과 고요함[靜]이 바
로 남명이 평소 추구하는 한 점 티끌도 마음속에 남
아 있지 않은 경지이다. 이런 정신세계에 흠뻑 취해
있는 즐거움을 '진미眞味'로 표현하였다. 아! 이 얼마
나 아름다운 광경인가. 선생님의 도에 흠뻑 취해 그
맑고 고요한 정신세계에서 노니는 참맛을 요즘 세상
에서 어떻게 느낄 수 있겠는가? 공자의 제자 증점曾
點이 맛보았던 것을, 동방에서는 강개암姜介庵이 맛

제5장 지리산에 남아 있는 남명의 자취

보았구나. 아! 강개암이 부럽구나.

남명선생을 만나려거든 산천재로 가라
아무 때나 가지 말고
달 밝은 밤에 가라
아무 때나 가지 말고
늦은 봄에 가라
여럿이 가지 말고
그대 혼자서 가라
가을날 빨아 넌 소청 같은 밝은 달에
물결도 일지 않는 은하 십리 물을 보라
어쩌다 스치는 봄바람에
매화의 암향이 그대를
고요 속에 숨죽이게 하리라

산천재 봄날 전경

남명과 지리산

예전에 덕산을 찾는 선비들은 산천재에 들러 남
명을 떠올리지 않는 경우가 드물었다. 그 중에서 우
선 한주寒洲 이진상李震相(1818~1886)의 다음 시를 보
기로 한다.

남명·퇴계 바른 학문 온 나라에 퍼졌고,
사단칠정 바른 가르침 은연중 같았네.
방장산 높은 봉우리엔 서기가 서려 있고,
탁영대의 고적에선 맑은 바람 퍼 올리네.
흐릿한 분위기는 광명처에 도달하지 못한 것,
높은 꼭대기도 원래 평탄한 데서 말미암네.
창주滄洲에 걸었던 초상 산천재에도 걸렸으니,
연원이 본래 관통함을 비로소 믿을 수 있네.

冥陶正學並吾東
四七眞詮不約同
方丈峯高留瑞靄
濯纓臺古挹淸風
氛霾不到光明處
峻極元從坦易中
滄洲列像山天揭
始信淵源本貫通

이 시에 우선 눈여겨 볼 것은 제1, 2구다. 한주는
남명과 퇴계의 학문이 온 나라에 퍼졌다고 하였다.
성호星湖가 말했듯이, 남명과 퇴계에 이르러 우리나
라 문명이 절정에 이르렀다고 하는 의식과 맞닿아
있다. 더구나 한주는 조선시대 성리학 논쟁의 핵심이
었던 사단칠정에 대해서도 은연중 같았다고 하여, 두
선생의 도를 같다고 보고 있다. 물론 후세에 남명과
퇴계의 학문이 다른 점만을 부각시켜 갈등이 있는
것을 봉합하려고 한 말일 수도 있지만, 근원이 다르
지 않다는 점을 강조한 것이다.

창주滄洲는 주자가 강학하던 창주정사滄洲精舍를
말한다. 남명은 산천재 중앙 마루 위에 공자孔子·주

제5장 지리산에 남아 있는 남명의 자취

렴계周濂溪·정명도程明道·주자朱子의 초상을 걸어
놓고 매일 예를 올렸다고 한다. 결국 주자가 연원으
로 했던 것이나, 남명이 연원으로 했던 것이나 같다
는 것이다. 조선 후기 경상우도 지역 학자들에게는,
성호의 경우처럼 남명과 퇴계를 동등하게 추앙하는
의식이 나타난다. 특히 이 지역 남인계 학자들에게서
그런 의식이 엿보인다. 면우俛宇 곽종석郭鍾錫의 「입
덕문부入德門賦」에 다음과 같은 구절이 있다.

옛날 우리의 도가 아직 망하지 않았을 적에는,	夫昔者斯文之未喪也
강좌엔 퇴계 선생을 하늘이 내셨고,	有若陶山夫子天降於江之左
강우엔 남명 선생이 우뚝하게 계셨네.	南冥先生壁立乎嶺之右
나이도 같으셨고 교유도 정신을 같이 하셨으며,	年同庚交同神
도는 성대함을 함께 하고 덕은 후덕함을 함께 하셨네.	道同盛德同厚

앞에서 인용한 성호星湖나 한주寒洲의 언급과 마
찬가지로, 면우도 남명과 퇴계를 동등하게 추숭하는
의식이 잘 나타나 있다. 특히 마지막의 '나이도 같고
교유도 같고, 도도 같고 덕도 같다'는 말은 그런 인식
을 단적으로 보여준다.

그런데 조선 후기 노론계 인사들도 남명에 대한
존경심은 이들과 전혀 다르지 않다. 그 가운데 전국
적으로 명성이 났던 두 사람의 시를 인용해 본다.

하늘이 소미성을 시켜 해동에 빛나게 했지,	天斡少微映海東
선생의 그 기상 누구와 더불어 같을까?	先生氣像與誰同

남명과 지리산

덕천의 맑은 물 천추의 달처럼 하얗고,　　　　德川水白千秋月
방장산 높은 봉은 백세의 풍도처럼 드높네.　　方丈山高百世風
경의의 진결 위에서 넉넉히 노니셨고,　　　　優遊敬義眞詮上
신명사 한 집 안에서 고요히 함양하셨네.　　涵養神明一舍中
만년에 와서 덕을 간직하고 수양하시던 곳,　晚生來過藏修地
유학의 문과 길이 진실로 통한 줄 알겠네.　　始信儒門路眞通

남명의 정자는 덕천 동쪽에 있는데,　　　　　南冥亭子德川東
구름 드린 푸른 나무 세월도 무색하구나.　　雲木蒼然歲月空
두류산 예스러운 산색을 도리어 보니,　　　卻看頭流山色古
천추에 선생의 풍도 다하지 않으리라.　　　千秋不盡先生風

앞의 시는 면암勉庵 최익현崔益鉉(1833~1906)의 「산천재에서 원시에 차운함[山天齋次元韻]」이고, 뒤의 시는 연재淵齋 송병선宋秉璿(1836~1905)의 「산천재」이다. 두 편의 시 모두 남명의 도가 천추에 영원하리라는 점을 노래하고 있다. 또한 이들이 남명을 우러르며 존모하는 마음 또한 극진하게 느껴진다. 이것이 조선시대 유학자들의 정신세계다. 그리고 그 정점에 있는 인물이 남명·퇴계다.

　오늘날 지식인들에게는 예전 시인들이 노래한 이런 정신세계가 없다. 이렇게 고귀하고 아름다운 것을 거들떠보지도 않고, 오로지 돈이 되는 과학만 제일로 여긴다. 나는 이런 정신을 갖지 않으면 학자가 아니라고 생각한다. 그런 사람은 그냥 기능인일 뿐이다. 본인은 자신이 제일이라고 뻐길지 모르지만, 나는 그저 무지한 사람으로밖에 보이지 않는다. 우리는 이제

제5장 지리산에 남아 있는 남명의 자취

이런 정신세계를 가져야 고도의 문명을 가진 선진국 시민이 될 수 있다. 돈과 기술만 가지고서는 어림도 없다. 정신이 없는데, 어찌 기술과 돈이 문명인을 만들어주랴!

지금의 산천재는 구한말 지역 유림과 후손들이 중수한 것인데, 계재溪齋 정제용鄭濟鎔(1865~1907)의 「산천재중수기山天齋重修記」에 다음과 같이 말하고 있다.

아! 산천재의 이번 중수가 어찌 이를 위한 것일 뿐이겠는가? 단지 생각건대, 네 분 성현의 도는 곧 선생을 위한 것이고, 이 산천재는 곧 도가 있는 곳이다. 이 산천재에 들어오는 자는 선생이 뜻하신 바를 체득하여 물 뿌리고 비질하는 것으로부터 시작해서 천리를 궁구하고, 경敬에 마음을 둠으로부터 시작해서 자신의 진실무망한 성誠을 확립하여, 그 단계를 뛰어넘지 말고 그 법도를 넘어서지 말아서 선생을 등지지 않기를 구한다면, 대륙大陸에 양기陽氣를 보게 되어 천하가 밝아질 것이다. 그 필연의 징조가 이 산천재에서 나타날 것이다. 내가 산천재 유림들의 청을 사양할 수 없어서 그 대강을 대략 기록하고 겸하여 이와 같이 말하는 바이다. 우리 고을의 선비들이 어찌 각자 힘쓰지 않으랴.
【噫 齋之役 豈爲是而已哉 第惟夫四聖賢之道 卽所以爲先生 而斯齋也 卽道之所在也 凡入此齋者 體先生之志 自灑掃以窮天理 自居敬以立其誠 無躐其級 無越其度 要之不背乎先生 則將大陸覩陽天下熙熙 其必兆見於斯齋乎 顧濟鎔有不獲辭於齋儒之請 略記大槪 兼有所云云 吾黨之士 盡各勉焉(『溪齋集』 권4)】

남명과 지리산

이를 보면, 산천재에는 남명의 도, 남명의 정신이
면면이 이어져 내려온 것을 알 수 있다. 작자는, 산천
재는 도가 있는 곳이라 하였고, 그 도를 지키면 이 땅
에 다시 양기를 보게 될 것이라 했다. 그리고 천하가
다시 밝아질 징조가 산천재에서 나타날 것이라 했다.
도를 믿는 마음이 진실하면 이런 말을 할 수 있다. 이
것이 높은 문명인의 말이다.

산천재에서 시천면 소재지를 지나 중산리 방면으
로 약 5백m쯤 가면 덕천서원이 나온다. 서원은 조선
시대 사립학교다. 서원은 두 가지 기능을 한다. 하나
는 사당을 세워 훌륭한 학자를 기리는 것이며, 하나
는 후학을 교육시키는 것이다. 덕천서원은 1576년(선

덕천서원 전면

제5장 지리산에 남아 있는 남명의 자취

조 9) 이 지역 유림儒林들이 창건하여, 1609년(광해 1) '덕천서원德川書院'이라는 사액賜額을 받았다. 1868년(고종 5) 철폐되었다가, 1920년 다시 복원되었다.

덕천서원에는 지금도 봄·가을로 춘추향사春秋享祀가 거행되고 있다. 아직도 유림들이 모여 남명을 기리고 있는 것이다. 그런데 춘추향사 외에도 남명제南冥祭라는 제사가 한 번 더 거행된다. 세 번의 제사 가운데 남명제가 가장 큰데, 남명제는 경남지역 사립 중·고등학교 교장단에서 처음 거행하였고, 지금은 선비문화축제에 편입되어 거행되고 있다. 이 남명제에는 3천 명 이상이 참여하는 대단히 규모가 큰 제향이다.

덕천서원 남명제

남명과 지리산

오늘날 서원은 향사의 기능만 남아 있을 뿐, 교육의 기능 다 없어졌다고 해도 과언이 아니다. 덕천서원·도산서원 등 유명 서원에서 겨우 방학 기간 잠시 강학이 이루어지고 있을 따름이다. 덕천서원도 예외는 아니다. 몇 년 전 경상대학교 남명학연구소에서 전국의 대학생·대학원생을 모집하여 『논어』·『맹자』를 여름 한 달 동안 강독했는데, 지금은 그것마저 대학에서 하고 있다. 서원에서 전통 한문강좌를 하지 않더라도 다채로운 강의가 이루어져야 한다. 고색창연한 건물로만 놔두어서는 안 된다. 그 건물에 혼을 불어넣어야 한다. 그래야 정신문명이 살아 날 수 있다. 이는 한두 사람이 걱정해서 될 일이 아니고, 우리 국민 모두가 나서야 할 일이다.

예컨대 사찰에서 산사음악회를 하듯이, 서원음악

덕천서원 전경

제5장 지리산에 남아 있는 남명의 자취

회를 할 수도 있다. 여름 밤 서원에서 음악회를 한다
면 얼마나 멋있겠는가. 시낭송회도 좋다. 강연도 좋
다. 특히 지리산을 주제로 한 강연이나 소규모 세미
나가 자주 열리면 얼마나 좋겠는가. 그러면 남명에
대한 교육도 저절로 이루어지게 되어 있다. 이렇게
발상을 바꾸면 서원도 살릴 수 있고, 지방자치단체도
살릴 수 있다. 아니 그보다는 우리 국민의 건전한 교
양을 살려 성숙한 선진시민으로 만들 수 있다.

　서원을 답사해 본 사람들은 이구동성으로 말한
다. 안동의 병산서원屛山書院 풍광이 제일이라고. 그
렇다. 병산서원에서 하룻밤 묵어 본 사람은 그 맛을
참으로 알 것이다. 그것도 보름달이 둥실 뜬 날 밤에
서원에 오르면 참으로 대자연의 아름다움을 만끽할
수 있다. 강당에서 보면 눈앞에 누각의 처마가 들어
오고, 그 밑에 문이 있고, 그 밑에 밭이 보이고, 그 다
음에 강이 보이고, 그 강 건너편에 병풍 같은 청산이
둘러 있고, 그리고 푸른 하늘에는 둥근 달이 떠 있다.
달과 산과 강과 백사장과 밭과 문과 누각이 한 눈에
들어오는 이 오묘한 공간의 어울림은 좀처럼 맛보기
어려운 아름다움이다.

　왜 그렇게 한 눈에 다 들어오는 것일까? 그것은
모두 열린 공간의 건축물이기 때문이다. 내가 있는
건물 안에서 밖의 경관이 다 들어오기 때문이다. 옛
건축물이 마찬가지겠지만, 서원은 열린 공간이 더 많

다. 이런 점에서 덕천서원도 마찬가지다. 아니 덕천
서원은 건물 공간 배치가 도산서원이나 옥산서원처
럼 오밀조밀하지 않고 규모가 크고 단순하다. 즉 기
본적인 건물만 있고 자잘한 부속 건물이 없어서 공
간이 굵직하게 느껴지면서도 단순하다는 생각이 든
다. 나는 이런 점에서 신영복 선생의 "단순화는 진보
입니다"라는 말에 박수를 친다. 실로 화두를 오랫동
안 들고 참구한 사람이 아니면, 이런 말을 뱉어낼 수
가 없다.

덕천서원이 도산서원보다 진보했다는 말이 아니
다. 단순한 공간배치는 더 많은 주변의 것들과 교통
을 하게 한다. 그래서 어느 쪽을 둘러보아도 뒤쪽만
아니고 삼면에 산이 보이고 달이 보이고 하늘이 보
인다. 나는 어느 해 여름 덕천서원에서 일주일 동안
학생들과 숙식을 함께 하며 『논어』를 가르치고 있었
다. 하루 저녁 앞산에 구름이 걷혔다 드리웠다 하더
니 구름장 사이로 달이 고개를 내밀기도 하고 숨기
기도 하였다. 게다가 그 산과 구름과 달의 앞에 수백
년 된 은행나무가 하늘 한 복판에 버티고 있어 달과
구름과 산이 은행나무에 걸린 듯이 보였다. 그러나
한 밤중에 다시 보니, 구름이 모두 걷히고 그야말로
광풍제월光風霽月이었다. 구름 한 점 없는 하늘에 달
이 떠 있고, 그 달은 은행나무에 걸려 있었다. 그리고
바람 한 점도 일렁이지 않는 정적이 달빛에 묻어나

제5장 지리산에 남아 있는 남명의 자취

덕천서원 시정문

고 있었다. 서원 정문의 이름이 '시정문時靜門'인데, 그 뜻과 너무도 닮았다. 그래서 나는 더욱 남명의 정신은 동적인 것이 아니고, 정적이라는 생각이 든다.

조선시대 도학자들이 추구하는 마음이 바로 그런 것이었다. 그것을 위해 공부를 하였다. 그런 깨끗한 삶을 살다가 가고자 했다. 그러니 그 사회가 저절로 정화되지 않았겠는가. 그래서 그 문명이 5백 년 동안이나 지속된 것이다. 우리는 지금 그것을 모르고 다 내다 버리고 말았다.

서원에서 이런 맛을 보는 여러 가지 다채로운 행사들이 만들어지길 간절히 기대한다. 시민운동이 높은 수준으로 발전하려면 이런 쪽으로 나가야 할 것이다. 투쟁이 아닌, 정화가 바로 이런 곳으로부터 비롯되어야 할 것이다. 이 점에서 서원에 모이는 유림들은 각성할 필요가 있다. 그저 제사나 받들며 옛날의 풍습을 따라하면, 세월이 흐르는 만큼이나 현실과 멀어질 수밖에 없다.

정신은 살아 있되 현실에 맞는 옷으로 갈아 입어

남명과 지리산

야 한다. 그렇지 않고 현실에 적합한 정신을 살리지 못하고 형식만 고집하면, 아무도 돌아보지 않을 것이다. 이것이 바로 유학을 망치는 길이다. 형식과 내용은 다 중요하다. 그러나 너무 형식주의에 얽매여 유학이 현대사회에 적응하지 못하는 점을 깊이 반성해야 한다. 그로부터 유학은 새로운 활로를 찾을 수 있다. 그것은 혁신하는 정신이 없이는 안 된다. 그래서 지금은 형식보다 오히려 정신을 살리는 것이 시급한 시기이다.

덕천서원은 4백 년 이상 이 땅의 정신을 떠받치는 기둥이었다. 천왕봉이 하늘을 떠받치듯이, 그렇게 세상의 기강과 인륜을 떠받쳐 무너지지 않게 하는 지주였다. 그런데 지금은 그것이 무너져 버렸다. 우리가 지금 시급히 할 일은 천왕봉이 여전히 하늘을 떠받치고 있듯이, 덕천서원이 다시 이 시대의 기강을 곧추세우는 정신적 지주가 되게 하는 것이다.

옛날 사람들은 이곳에 찾아와 그런 생각을 공유하였다. 그런 감회를 노래한 시 몇 수를 소개해, 선인들이 덕천서원에 와서 어떤 생각을 했는지를 살펴보기로 한다. 그리고 독자들께서는 그 정신을 배워 조용히 혼자 찾아와 그런 생각을 하고 가시길 바란다. 여럿이 관광버스를 타고 와서 10분 만에 둘러보고 왁자지껄하게 떠들다 가지 말고, 혼자 와서 조용히 사색하다 가시길 빈다.

제5장 지리산에 남아 있는 남명의 자취

① 덕천서원德川書院

분양汾陽에서 백리 길의 이번 걸음,　　　　汾陽百里又斯行
맑은 수석을 구경하기 위한 것 아니라네.　非爲遊觀水石淸
방장산 남쪽 고을은 이름나고 빼어난 곳,　方丈南州名勝地
남명 선생은 우리나라의 큰 선생님.　　　冥翁東國大先生
마음을 논하던 벗들은 다 저승으로 가고,　論心士友多存沒
나를 알아보는 원숭이와 새들이 맞이하네.　識面猿禽但送迎
천고의 철인들 모두 덕 있는 곳으로 들어갔지,　千古哲人皆入德
바위 문이 이로부터 오는 길을 열어 보이네.　巖門從此啓來程

② 덕천서원에 배알함[謁德川]

남명 선생 고풍을 일찍부터 흠모했지,　　山海高風夙所欽
높고 높은 방장산 멀리서 찾아왔네.　　　巖巖方丈遠來尋
섬돌 앞의 늙은 회나무 구름 속에 솟았고,　階前老檜干霄直
정자 밑의 차가운 못 달이 깊이 드리웠네.　亭下寒潭印月深
백 년 동안 도를 간직하고 닦던 곳이 적막해,　百年寂寞藏修地
온 종일 도덕의 숲에서 배회를 하누나.　　盡日徘徊道德林
사당에서 절하자니 솟구치는 감정 더하고,　祗拜遺祠增起感
사람들 완악하고 나약해지니 혼자서 상심하네.　士趨頑懦獨傷今

③ 덕천서원 강회[德川書院講會]

한 번 선생이 이 땅에 오신 뒤로,　　一自先生後
우리 고을에 군자들 많이 배출됐네.　吾鄕君子多
벽 사이에 걸어두었던 일월 같은 경의敬義,　壁間懸日月
마루 위에서 거문고 가락에 노랫소리 듣네.　堂上聽絃歌
나를 책하기는 수레가 전복된 것처럼 하게.　懲我爲車覆
그러면 그대는 옥처럼 다듬어진 사람이 되리.　且君如玉磨

남명과 지리산

게다가 우리는 어진 태수를 만났으니, 況逢賢太守
소 잡는 칼을 어찌 닭 잡는 데 쓰랴. 牛刀割鷄加

　①은 진주 인근에 살던 안덕문安德文(1747~1811)의 시고, ②는 성주에 살던 이원조李源祚(1792~1872)의 시며, ③은 진주에 살던 하달홍河達弘(1809~1877)의 시다. ①에서 시인은 천고의 철인哲人들이 모두 덕 있는 이가 사는 곳으로 들어갔다고 하였다. 즉 남명이 있는 곳으로 학자들이 찾아왔다는 말이다. ②에서 시인은 남명을 흠모하다가 직접 남명의 도가 남아 있는 곳으로 찾아온 심경을 노래하고 있다.

　③의 시 5, 6구에 "나를 책하기는 수레가 전복된 것처럼 하게. 그러면 그대는 옥처럼 다듬어진 사람이 되리"라고 한 말은, 바로 남명의 학문정신을 체득한 말이다. 자신을 늘 돌아보고 반성하고 징계하는 것이 유학의 수양방법이다. 남이나 밖에서 원인을 찾지 않고 안으로 안으로 자기 마음에서 성찰하는 것이 유학에서 말하는 반구저기反求諸己이다. "돌이켜 나 자신에게서 그 원인을 찾아라" 이것이 유학이다. 이것을 몸으로 평생 실천한 이가 남명이다. 그래서 남명은 안연의 경지에 올라갔다. 시인은 수레가 전복되었을 때의 상황에서 자신의 내면을 먼저 들여다보라고 말한다. 그러면 옥 같은 사람이 될 수 있다고.

　자동차 사고가 났다고 가정해 보자. 자기가 명백히 실수한 것을 인정하는 경우가 아니라면, 아무리

제5장 지리산에 남아 있는 남명의 자취

덕천서원 경의당

점잖은 사람도 언성을 높이고 상대방에게 따질 것이다. 흔히 목격하는 것이지만 사소한 접촉사고에 멱살드잡이 하는 것을 얼마나 자주 보는가. 그런 상황에서 밖으로 눈을 돌리지 않고 안으로 나의 내면을 들여다보는 것이 유학의 정신이다.

세 편의 시만 인용했지만, 조선시대 유학자들이 남명을 찾아오는 마음이 어떠했는지 직감할 수 있다. 이것이 정신이 살아 있고, 도덕이 살아 있던 시대의 문화이다. 지금은 어떤가? 우리 모두 남을 돌아보지 말고 자신을 한 번 돌아보자.

5. 세심정洗心亭 · 취성정醉醒亭

덕천서원 앞에는 오래된 은행나무 한 그루가 서 있다. 은행나무는 우리나라에서 교육기관에 심는 상징적인 나무다. 은행나무를 교육기관에 심게 된 유래는, 공자가 행단杏壇에서 학생들을 가르쳤다는 『장자

莊子』의 고사에서 나온 것이다. 그런데 '행杏'이라는
글자는 '은행나무'를 뜻하기도 하고, '살구나무'를 뜻
하기도 한다. 우리나라에서 성균관·향교·서원 등
에 은행나무를 심은 것은 '행단'을 '은행나무 아래에
만든 단'이라는 의미로 받아들였기 때문일 것이다.

그런데 수년 전 중국 학자가 '행단'의 '행'은 '은
행나무'가 아니고, '살구나무'라고 끝까지 주장하더
니, 글로 써서 자기 주장을 정당화하기도 하였다. 그
런데 그 뒤 강소성 소주蘇州의 부학府學에 갔더니, 뜰
에 살구나무는 없고 은행나무만 있었다. 이를 보면,
공자가 살던 산동성 지역에서는 '행杏'자를 '살구나
무'로 썼는지 모르지만, 남쪽 소주에서는 '은행나무'
로 썼을 가능성이 있다. 따라서 꼭 '살구나무'가 맞다

덕천서원 은행나무

제5장 지리산에 남아 있는 남명의 자취

고 고집할 수는 없다.

　덕천서원 앞에는 지금 도로가 나 있어 어지럽다. 이 도로는 없애고, 건너편으로 우회를 시키는 것이 옳다. 주민들은 불편할 것이지만, 덕천서원에 찾아와 남명의 정신을 기리고 본받고자 하는 사람들을 생각하면, 대승적 차원에서 감수할 수 있을 것이다. 나의 작은 이익에 연연하지 말고, 국가와 사회를 생각하면, 찬성하지 않을 사람이 없을 것이다. 그런데 왜 그렇게 하지 않는지 모르겠다. 그 일을 할 수 있는 사람의 신념이 없기 때문이다.

　서원 앞의 도로를 건너면 바로 시천矢川이 흐르는데, 그 시냇가 언덕에 세심정洗心亭이 있다. '세심'이라는 말은 '마음을 씻는다'는 뜻인데, 『주역』에서

세심정 전경

남명과 지리산

세심정 현판

따온 것이다. 세심정은 남명의 문인 수우당守愚堂 최
영경崔永慶(1529~1590)이 바람을 쏘이며 노닐던 곳이
다. 1576년 덕천서원을 창건한 뒤, 1582년 건립한 것
이다. 이 정자의 이름은 남명의 문인 각재覺齋 하항河
沆(1538~1590)이 붙인 것이다.

　지금 세심정은 최근에 다시 건립한 것이다. 정자
에 오르면 '세심정洗心亭'이라는 현판과 송정松亭 하
수일河受一(1553~1612)의 기문이 있다. 송정은 수곡에
살던 각재의 조카로, 남명을 기리는 마음이 지극했던
학자다. 그가 지은 기문을 보면, 세심정의 유래와 그
의미를 잘 알 수 있다. 또한 이 기문은 한문문장 가운
데 명문에 속한다. 어느 한 글자도 군더더기 글자가
없고, 글이 순하면서도 논리가 정연하다. 그러나 요
즘 사람들은 그 뜻을 알기 어렵다. 여기에 전문을 번

제5장 지리산에 남아 있는 남명의 자취

역해 싣는다.

한 가지 더 말하고 싶은 것은, 송정의 기문을 읽어보고 '세심정'이라는 현판의 글씨를 보면, 아무래도 어울리지 않는다는 느낌이 든다. 『주역』의 깊은 뜻을 취해 지은 '세심정'이라는 의미, 더구나 마음을 씻어 티끌 하나도 남아 있지 않은 성인의 마음을 상징하는 '세심'이라는 의미가, 현판 글씨에는 전혀 나타나지 않는다. 현판 글씨는 술에 취해 쓴 듯, 반듯하지 못하다. 성인이 마음을 씻는다는 경건함과는 어울리지 않는다.

「덕천서원德山書院 세심정기洗心亭記」

『예기』에 "군자는 그곳에서 도를 간직하고, 그곳에서 도를 닦고, 그곳에서 쉬고, 그곳에서 노닌다"고 하였으니, 대체로 도를 간직하고 도를 닦는 곳을 가진 자는 반드시 노닐고 쉬는 도구가 있게 마련이다. 이것이 옛날의 도다. 삼가 서원의 제도를 살펴보건대, 사당을 건립하여 제사를 밝게 하고, 명륜당을 세워서 인륜을 중시하고, 동재·서재를 두어서 배우는 자들을 머물게 하니, 도를 간직하고 도를 닦는 데에는 참으로 그에 맞는 장소가 있는 것이다. 덕천서원 남쪽에는 시내가 있다. 허공을 머금고 푸른빛이 엉켜 있으며, 모여 맑은 못이 되었다. 그 시냇가에 가면 기수沂水(공자 제자 증점曾點이 목욕하던 곳)에서 목욕하던 흥취가 있다. 시냇가에 복숭아나무 숲이 있는데, 소나무와 노송나무가 섞여 있다. 그곳을 바라보면 무릉도원武陵桃源과 같으니, 참으로 노닐며 감상할 만한 아름다운 명승이다. 지금 우리 최선생崔先生(최영경을 말함)이 매양 그 위에 와

남명과 지리산

서 소요하였는데, 정자를 지어 노닐며 쉬는 도구로 삼
으려 하였다. 그러나 서원을 건립하는 공사가 완공되
지 않았기 때문에 성사되지 못하였다. 그 뒤 임오년
(1582) 봄에 비로소 경영하여 정자가 완성되니, 경치가
더욱 기이하게 되었다. 시내는 그 맑음을 더한 듯하고,
물고기는 그 즐거움을 더한 듯하였다. 이에 각재覺齋
숙부께서 『주역』의 "성인은 이로써 마음을 씻는다[聖
人以此洗心]"는 뜻을 취해, 정자의 이름으로 삼았다. 이
는 대체로 '물을 보는 데 방법이 있다'는 뜻을 거기에
붙인 것이다.

　　지금 저 물의 본성은 맑다. 더럽혀진 것은 씻어서
깨끗하게 하고, 검게 된 것은 씻어서 희게 해야 하기
때문에 물가에 정자를 지은 것이다. 도를 간직하고 닦
고자 하는 자도 마음속의 울적한 기운을 없애야 나의
호연지기를 잘 닦을 수 있다. 물로 인해 정자의 이름을
지어 노닐며 쉬는 사람들로 하여금 사물을 통해 자신
을 돌아보아 날로 날로 새롭게, 또 날마다 새롭게 자신
을 변화시키게 하고자 한 것이다. 우리 고을 군자로서
이 정자에 오르는 이들이 선생의 유풍을 아련히 생각
하여, 또한 정자 이름을 돌아보며 의리를 생각해서 마
음을 맑게 하는 공을 능히 거둔다면 좋을 것이다. 나는
혼매하고 어리석은 소생으로서 참람하게 고루한 생각
을 기록하였다. 그리고 다시 그로 인해 다음과 같이 노
래한다.

"이 높은 정자를 세우니, 날개를 편 듯 날아가는 듯.
　이미 노닐기도 하고 휴식을 취하기도 하니, 군자가 거처하는 곳이로세.
　넓고 넓은 이 시내, 옥처럼 맑고 거울처럼 텅 비었네.
　군자는 이로써, 자기 마음에 돌이켜 구한다네.
　맑고 밝음 내 몸에 있으면, 나의 처음 본성 회복할 수 있으리.
　혹시라도 그렇게 되지 않을 때는, 이 '세심洗心'이란 큰 글자를 보시게"

제5장 지리산에 남아 있는 남명의 자취

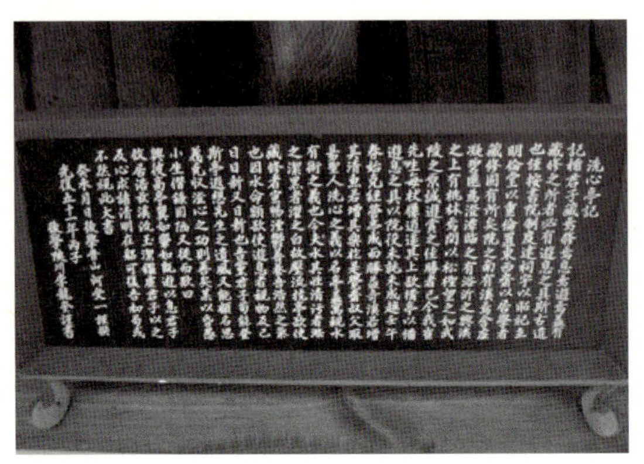

세심정기

【記稱君子藏焉修焉息焉遊焉 盖有藏修之所者 必有遊息之具 斯古道也 謹按書院制度 建祠宇以昭祀 立明倫堂以重倫 置東西齋以居學者 藏修固有所矣 院之南有溪焉 含虛凝碧 匯爲澄潭 臨之有浴沂之興 溪之上有桃林焉 間以松檉 望之如武陵之原 誠遊賞之佳勝者已 今我崔先生每杖屨逍遙其上 欲搆亭以備遊息之具 以院役未就未成 越壬午春 始克經營 亭成而勝益奇 溪若增其淸 魚若增其樂 於是覺齋叔父取易聖人洗心之義以名亭 盖寓觀水有術之義也 今夫水其性淸 汚者滌之潔 黑者濯之白 故壓流抗亭 欲使藏修者 宣暢湮鬱 善養吾浩然之氣也 因水命額 欲使遊息者 觀物反己 日日新又日新也 吾黨君子苟能登斯亭 遐想先生之遺風 又能顧名思義 克收澄心之功 則善矣 某以昏愚小生 僭錄固陋 又從而歌曰 興彼高亭 翼如翬如 旣遊以息 君子攸居 浩玆溪流 玉潔鑑虛 君子以之 反心求諸 淸明在躬 可復吾初 苟或不然 視此大書】

이 글을 지은 송정이 임진왜란 뒤에 덕산을 찾았는데, 서원은 불에 타고 세심정만 달랑 남아 있었다. 그는 참담한 광경을 보고 다음과 같이 읊었다. 제목이 「덕천서원을 지나는데 서원은 불에 다 타고, 세심정만 남아 있어 느낌이 있어 지음[過德山書院 院盡灰 獨洗心亭在 仍有感]」이다.

남명과 지리산

소나무 계수나무 맑은 그늘 옛 산에 가득한데,　　松桂淸陰滿舊山
덕 있는 이 보이지 않아 눈물이 줄줄 흐르네.　　幽人不見涕淸淸
그 모습 단지 방장산에 남아 있을 뿐이지만,　　儀形只有餘方丈
우뚝 선 푸른 솔에서 영원히 그 얼굴 대하리.　　矗立蒼蒼萬古顔

　　시인은 불에 탄 서원의 터를 보며 구슬픈 생각이
들지만, 이내 천왕봉을 우러르며 남명의 정신을 상기
시킨다. 마지막 두 구에 그 정신이 활발하게 살아 있
다. 그대로 푸른 산봉우리는 바로 남명의 기상이다.
다시 말하지만, 시인이 이렇게 노래하고 정신을 되살
리는 것이 문화다. 그것은 높은 수준에 올라간 문명
에 대한 자부심이다.
　　송정은 세심정에서 다시 다음과 같이 노래했다.

왜란 이후 처음으로 서원을 찾았는데,　　亂後初尋院
시내 머리에 유독 정자만 남았구나.　　溪頭獨有亭
서원 터에 난 서속黍粟 보고 깜짝 놀랐고,　　眼驚新黍稷
서원의 뜰이 있던 자리 어디인지 못 찾겠네.　　行失舊明庭
거문고 타고 암송 하던 많은 선비 생각나고,　　絃誦思多士
나물 뜯어 중정일에 제사 올리던 일 아른아른.　　蘋蘩憶仲丁
천왕봉은 오히려 꿈쩍 않고 그대로 있고,　　天王猶不動
구름 너머로 몇몇 봉우리는 그대로 푸르구나.　　雲外數峰靑

　　송정은 덕천서원에서 남명을 만나고 싶었다. 그
러나 서원은 불에 타고 폐허만 남아 있다. 그는 세심
정에 가서 남명이 그리워 눈물을 흘린다. 그러다 천
왕봉을 떠올리며 남명이 바로 천왕봉이라고 생각한

제5장 지리산에 남아 있는 남명의 자취

덕천서원 앞 살천

다. 그리고 남명이 그토록 사랑했던 푸른 솔에서 살아 있는 남명의 정신을 찾고 있다.

나는 이 시를 읽으면서, 앞에서 말했듯이, 도로를 없애고 세심정·취성정을 다시 짓고 숲을 조성해, 시인들이 와서 송정처럼 울게 해야 한다고 생각한다. 그래야 문화가 살아난다. 그래야 남명 정신이 우리에게 전해진다. 그렇지 않고 백날 말만 하면, 결국 그 정신마저도 없어질 것이다. 문인·소객騷客들이 눈물을 흘리게 하면 된다. 그러면 남명은 저절로 이 시대에 되살아 날 것이다.

또 다른 사람의 시를 보자.

① 「세심정 현판의 시에 차운함[洗心亭 次板上韻]」

    몇 년이나 부지런히 우러러 존모하다,   幾年勞仰止
    오늘에야 비로소 이 문에 들어왔나.   今日入斯門
    나무는 늙어서 선천先天의 빛깔을 띠고,   樹老先天色
    내는 활발한 물의 근원으로 통하였네.   川通活水源
    정신은 자거나 숨는 것이 아니고,   精神微宿隱
    기상은 두류산에 그대로 남아 있네.   氣像頭流存
    백세 뒤에 그 풍도를 듣는 자 있으면,   百世聞風者
    오히려 티끌 번뇌 능히 씻으리라.   猶能滌累煩

② 「세심정에서 이식산李息山의 현판의 시에 차운함[洗心亭 次李息山板上韻]」

    냇물에 떠가는 복사꽃처럼 스스로 택한 길,   流水桃花也自媒
    어부가 떠난 뒤에 객이 다시 찾아왔네.   漁郎去後客重回
    물결은 바다까지 도달하려 부단히 나아가고,   波將到海源源進
    산은 하늘까지 닿으려고 점점 더 다가서네.   山欲參天疊疊來
    시를 완성하지 못해 손 가는 대로 맡기고,   詩不敲椎因信手
    마시는 술 한량없이 잔을 기울이는 대로 두네.   飮無多小任傾杯
    선생은 떠나셨으니 나는 어디로 간단 말인가,   先生尙矣吾安適
    광간狂簡한 사람 해마다 와서 자제하지 못하네.   狂簡年來未自裁

③ 「세심정을 중수한 운[重修洗心亭韻]」

    어리석은 내가 삼백 년 뒤에,   愚翁三百載
    세심정을 다시 중수했네.   重葺洗心亭
    저녁나절 운무에 한기가 섬돌에서 일고,   晚靄寒生砌
    그윽한 물소리 시원하게 난간에 들리네.   幽淙爽透櫺
    아득한 생각에 옛날 느낌 더하고,   悠悠增舊感
    청신함에 새로 정신이 드는 듯하네.   灑灑若新醒
    이 도가 땅에 떨어짐이 없길 기약하니,   斯道期無墜
    두류산처럼 만고의 세월 푸르리라.   頭流萬古靑

제5장 지리산에 남아 있는 남명의 자취

①은 하익범河益範(1767~1813)의 시고, ②는 하달홍河達弘(1809~1877)의 시고, ③은 정제용鄭濟鎔(1865~1907)의 시다. ①에서 시인은 세심정에 올라 산의 나무와 시내를 보면서 남명의 정신과 기상이 그대로 산천에 남아 있음을 노래하였다. ②의 제3, 4구는 절창이다. 산과 물을 가지고 도의 근원을 거침없이 드러내었다. 천기天機를 누설하듯이. ③에서 시인은 구한말의 어지러운 상황 속에서도 산천재와 세심정을 중수하고 그 도가 영원하기를 기원하고 있다. 이런 시인의 마음이 바로 경상우도 지역 지식인들의 마음이었다. 5백 년 동안 내려온 정신문화였다.

이만운李萬運(1736~ ?)의 「덕산동유기德山洞遊記」에 의하면, "먼저 세심정洗心亭과 취성정醉醒亭에 올라 배회하며 사방을 조망하였다"라고 하였으며, 하달홍河達弘의 「유덕산기遊德山記」에 의하면, "서원 문 밖 수십 보쯤 되는 곳에 세심정洗心亭·취성정醉醒亭 두 정자가 있다"고 하였다. 이를 보면, 18~19세기까지 세심정·취성정 두 정자가 덕천서원 앞에 있었음을 알 수 있다.

그런데 남명의 문인 성여신成汝信(1546~1632)이 지은 『진양지』에 보면, 다음과 같이 기록하고 있다.

취성정은 덕천서원 앞의 시냇가에 있다. 처음 각재覺齋 하항河沆이 그 이름을 세심정이라 하였는데, 수우

남명과 지리산

당守愚堂 최영경崔永慶이 고쳐 취성정이라 편액하였다.
【醉醒亭在書院前溪上　初河覺齋名其亭曰洗心　崔守愚堂改扁醉
醒亭(『진양지』 권2, 취성정)】

이 기록에 의하면, 세심정이 곧 취성정이다. 어찌
된 일인가? 아리송하다.

다시 『진양지』에 실린 하징河憕(1563~1624)의 기문
을 보면, 그 내막이 자세히 기록되어 있다.

〈덕천서원을 다 짓고서〉 별도로 시냇가에다 삼 칸
의 정자를 세워 바람 쏘이고 시를 읊조리는 장소로 삼
았다. 그리고 세심정이라고 편액을 하였는데, 뒤에 고
쳐서 취성정이라 하였다. … 〈덕천서원을 복원한 뒤
에〉 예전의 목재를 옮겨다가 취성정을 지었다. 이보다
앞서 취성정 문 밖 송림 가에 한 칸의 초가 정자를 짓
고 예전의 이름인 세심정이라고 편액하였다. 이는 곧
서원의 유사인 유종일柳宗日이 남명선생의 상정橡亭의
옛 제도를 본뜬 것이다. 【別構三楹于溪上　爲風詠之所 扁之
曰洗心 後改以醉醒 … 以其舊材 移構醉醒亭 先此刱一間草亭於醉
醒門外松林之畔 仍扁以洗心舊號 乃院有司柳宗日　象先生橡亭遺
制也(『진양지』 권2, 덕천서원)】

이 자료를 보면, 의문이 확연히 풀린다. 덕천서원
을 창건한 뒤 1582년 각재 하항 등이 정자를 짓고 이
름을 '세심정'이라 하였다. 그런데 뒤에 수우당 최영
경이 세심정의 이름을 '취성정'으로 바꾸었다. 이로
부터 세심정이라는 이름은 없어지고, 오로지 취성정
만 남아 있었다. 그런데 임진왜란으로 덕천서원이 불

163
제5장 지리산에 남아 있는 남명의 자취

타고, 앞에서 살펴보았듯이 취성정만 남아 있었다. 그 뒤 1609년 서원을 복원하였고, 1611년 사당을 새로 지었다. 그리고 전에 사당을 지었던 목재를 옮겨다 취성정을 다시 세웠다. 그런데 그 이전에 덕천서원 유사 유종일柳宗日이 남명이 산천재 앞에 세웠던 상정橡亭의 제도를 본떠 취성정 문 밖 송림 가에다 초가의 정자를 세우고 '세심정'이라고 이름을 붙였다. 그럼으로써 세심정과 취성정 두 정자가 생긴 것이다.

이후 세심정과 취성정은 18~19세기까지 계속 남아 있었던 것을 알 수 있다. 지금 남아 있는 것이 세심정인지, 취성정인지 알 수 없다. 그러나 '취성정'이라는 이름이 '세심정'이라는 이름보다 적게 보인다. '취성醉醒'이라는 말은 '술에 취한 듯이 혼몽昏蒙한 데서 깨어나다'라는 의미인데, 남명이 차고 다니던 성성자惺惺子란 방울의 의미와 무관하지 않다. 정신을 혼몽하게 두지 말고 늘 깨어 있으라는 뜻으로 수우당이 이름지은 듯하다. 지금은 취성정이 복원되지 않았지만, 빠른 시일 안에 이 정자도 복원되어 옛 모습이 갖추어지길 간절히 기대한다. 그런 의미에서 취성정을 노래한 시 두 수를 소개한다.

「취성정에서 벗들과 함께 읊음[醉醒亭與友人共賦]」

우뚝하게 화려한 누각 큰 시내를 베었는데,　　　　畵閣崝嶸枕大流
정자에 오르니 나도 몰래 흥취가 아득하네.　　　　登臨不覺興悠悠

남명과 지리산

비 온 뒤 긴 시냇가엔 조는 백로 한가롭고,　　　　　長洲雨歇鷺眠穩
운무 낀 깊은 계곡엔 새 울음소리 그윽하다.　　　　深谷煙橫鳥語幽
온 골짜기 푸른 솔은 서리 내려도 그대로고,　　　　萬壑寒松霜後立
밤하늘의 밝은 달은 거울 속에 떠 있는 듯.　　　　　一天明月鏡中浮
신선세계 정히 현인의 취미와 합하니,　　　　　　　仙區政合賢人趣
선생의 높은 풍도 우러르며 장대한 유람하네.　　　　緬仰高風作壯遊

「취성정에서 현판의 시에 차운함[醉醒亭次板上韻]」

한가한 날 진경 찾아 이 정자에 올라서,　　　　　　暇日尋眞上此亭
선생이 전한 말씀 성성醒醒을 여쭙네.　　　　　　　先生旨訣問醒醒
비속한 세상사람 혼몽하게 취한 지 오래니,　　　　　嗟爾世人昏醉久
바라건대 천 년 뒤에도 정자 이름 돌아보소.　　　　願言千載顧玆名

앞의 시는 설창雪牕 하철河澈(1635~1704)의 시고, 뒤
의 시는 사농와士農窩 하익범河益範(1767~1813)의 시다.
　지금 세심정 옆에는 남명이 49세 때 거창군 신원
면에 있는 포연鋪淵이라는 곳에서 목욕하며 지은 「욕
천浴川」이라는 시를 새긴
시비詩碑가 서 있는데, 그
내용과 장소가 맞지 않는
다. 시비를 여러 개 세워
공원을 만든 것이라면, 제
격에 맞는 장소가 아니라
도 괜찮겠지만, 달랑 이
시비 하나만 세워 놓으면
남명이 「욕천」이라는 시
를 세심정 앞에 있는 시천

덕천서원 앞 욕천 시비

제5장 지리산에 남아 있는 남명의 자취

에서 목욕하고 지은 것으로 착각할 수 있다. 역시 생
각이 깊지 못한 소치이다.

　내 생각으로는 우선 예전 사람이 '화려한 누각'이
라고 한 것에 걸맞게 취성정을 복원한 뒤, 이와 조화
를 이루게 세심정을 다시 짓고, 송정 하수일의 세심
정기는 취성정에 걸고, 기타 취성정·세심정을 노래
한 시를 현판에 새겨 건다. 그리고 설창과 사농와의
시를 각각 돌에 새겨 시비를 잘 어울리게 배치하는
것이 좋을 듯하다. 즉 취성정부터 시천 가를 따라 다
리 입구까지 시비 공원을 조성하는 것이다. 나의 이
글을 읽고 그럴 일을 나서서 주선하는 사람과 그에
따른 비용을 쾌척하는 사람이 있었으면 좋겠다.

거창군 신원면 포연 전경

남명과 지리산

6. 송객정送客亭·면상촌面傷村

덕산에는 우리가 찾을 수 없는 남명의 자취가 수
없이 많을 것이다. 그러나 그것을 지금은 확인할 길
이 없다. 문헌이 없기 때문이다. 나는 이 글을 쓰면서
주로 문헌자료에 의지하였다. 따라서 최근에 수집한
설화는 거의 쓰지 않았다. 그것은 설화만 가지고 관
심 있는 학자가 별도로 기술하길 바라기 때문이다.

남명이 덕산에 거주할 때, 문인·학자들이 참으
로 많이 찾아왔을 것이다. 지리산 산골짜기가 남명
덕에 문명의 중심지, 도가 있는 곳으로 자리잡았으
니, 그 분위기를 상상해 볼 수 있다. 연암燕巖 박지원
朴趾源(1737~1805)이 안의현감이 됨으로써 경향 각지
의 수많은 인사들이 안의에 드나들었듯이, 덕산이 학
문과 정신의 중심지가 된 것이다. 이는 참으로 아름
다운 일이다.

그 가운데 문인 덕계德溪 오건吳健(1521~1574)과 관
련된 이야기 하나를 소개하고자 한다. 어느 날 덕계
가 남명을 찾아왔다가 작별을 고하고 길을 떠났다.
덕계는 산청 사람이므로, 홍계紅溪 계곡을 경유해 밤
머리재를 넘어 산청으로 가는 것이 지름길이다. 남명
은 작별이 못내 아쉬웠던지 덕계를 10리 밖까지 따
라와 전송을 하며, 나무 그늘에서 술자리까지 베풀어

산청군 삼장면 면상촌

주었다. 덕계는 감지덕지하여 취하도록 마셨다. 그리고 다시 작별을 고하고 길을 가다가, 그만 말에서 떨어져 이마에 상처를 입었다. 이 고사로 인해 남명이 덕계를 전송한 나무를 '송객정送客亭'이라 하고, 덕계가 말에서 떨어져 이마를 깬 곳을 '면상촌面傷村'이라 부르게 되었다.

그런데 그런 아름다운 고사가 있는 지명이, 지금은 얼토당토않게 바뀌었다. '면상촌'을 최근에 나온 지도에는 '명상'이라 표기되어 있고, 어떤 책에는 '면상마을[面上村]'로 되어 있다. 그 뜻을 아는 사람이 없어졌기 때문에 와전된 것이리라. 조선 후기 노백헌老柏軒 정재규鄭載圭(1843~1911)는 면상촌을 지나면서 다음과 같이 기록해 놓았다.

면상촌을 지났다. 옛날 오덕계가 스승에게 찾아왔다가 돌아갈 적에, 남명 선생이 10리 밖 큰 나무 밑까지 전송을 나와 전별연을 베풀어주었다. 덕계는 취해서 이 마을을 지나다가 말에서 떨어져 상처를 입었다. 후인들이 그 나무를 송객정이라 하고, 그 마을을 면상촌이라 이름하였다. 나는 그 터를 돌아보고 배회하며 당시를 상상해 보았다. 그 상쾌한 청풍이 예전처럼 소매 속으로 들어오는 듯했다. 아! 얼굴에 상처를 입은 그 멋을 그 누가 알겠는가. 물고기는 냇물에서 놀고 새는 구름 속을 나는구나. 후인들이 그 맛을 모를 뿐만 아니라, 당시 그 자신도 까마득히 그 맛을 몰랐을 것이다. 【過面傷村 昔吳德溪往師門歸也 先生飮餞于十里大樹下 德溪醉過此村 墮馬致傷 後人名其樹曰送客亭 村以面傷名 顧瞻徘徊 想像當日 灑然淸風 依然入袖 噫 面傷之趣 識者何人 魚川泳而鳥雲飛 不惟後人不識得 雖當日自家悠悠乎不自知也(『老柏軒集』권 33,「頭流錄」)】

사제지간의 아름다운 이야기다. 노백헌은 선생이 따라주는 술을 마시고 덕계처럼 말에서 떨어져 이마를 갈 정도로 취하고 싶었던 모양이다. 그래서 '얼굴에 상처를 입은 그 멋'을 말하고 있다.

송객정

제5장 지리산에 남아 있는 남명의 자취

지금 그 나무가 있는지를 확인할 길이 없다. 그러나 후대에 누가 송객정을 지었던 듯하다.『노백헌집』을 보면,「등덕산송객정登德山送客亭」이란 제목의 시가 있고, 심재心齋 조긍섭曺兢燮(1873~1933)의『심재집心齋集』에도 「장항동獐項洞」이란 제목의 시 주注에 "송객정을 경유해 석남石南·평촌坪村을 지나 시내를 따라 서북쪽으로 가서 꺾어 장항동으로 들어갔다[由送客亭 歷石南坪村 並溪而行西北 折入獐項洞]"고 하였으니, 송객정이 구한말까지 남아 있었던 듯하다.

면우俛宇 곽종석郭鍾錫은 이 송객정을 지나다 옛일을 회고하며 다음과 같이 노래했다.

도도하게 흐르는 물 어디로 가려는지,	流水滔滔欲何之
나무 한 그루에 전해오는 이 이야기.	童然一樹口傳碑
그 당시 광경을 골똘히 생각해 보게,	要君猛作當年想
떠나는 자 누구고, 보내는 자 누구인지.	去者其誰送者誰

사제지간에 떠나가는 자와 보내는 자의 아름다운 작별을 후세 사람들은 부러워하고 있다. 남명과 덕계의 만남은 이처럼 부러움을 사도록 아름다웠다. 이때 남명의 나이는 64세였다(「편년」).

송객정은 덕교마을에 있는데, 지금은 나무 밑에 조그만 정자가 하나 있고, 그 앞에 '파구정破寇亭'이라는 빗돌이 하나 세워져 있다. 이 마을 노인에게 전해 들은 말에 의하면, 이 파구정이 바로 옛날의 송객정이라 한다. 파구정은 '왜구를 격파한 곳'을 기념하

남명과 지리산

기 위해 붙여진 이름인 듯하
다. 송객정이라는 이름은 본
래 정자의 이름이 아니고, 남
명이 덕계를 송별한 나무에
붙여진 이름이었는데, 후대
에 어떤 사람이 그 나무 밑에
정자를 세운 듯하다.

　면상촌은 대원사로 갈라
지는 삼거리에 있는 마을이
다. 지금은 상점 앞에 '명상
버스정류소'라는 간판이 보
이고, '명상마을'이라고 새긴
돌이 입구에 있다. 이 마을에
처음 오는 사람들은 '명상을

파구정 표지석

하는 마을'로 오해하기 십상이다. 지금이라도 아름다
운 전설이 담긴 이름을 되찾아 바로잡는 것이 좋을
것이다. 훌륭한 인품을 지녔던 남명의 큰 제자 덕계
가 술에 취해 말에서 떨어져 얼굴에 상처를 입은 것
이 얼마나 아름다운 이야기란 말인가. 두 덕 있는 분
들의 일화가 이 마을에 길이 전해지길 바란다.

제5장 지리산에 남아 있는 남명의 자취

7. 단속사斷俗寺 · 지곡사智谷寺
· 오대사五臺寺

　　단속사는 산청군 단성면에 있는 신라시대 창건된
고찰이다. 이 절은 경상우도 지역에서 조선 전기까지
쌍계사와 더불어 가장 큰 절이었는데, 아마도 1598년
정유재란 때 화재로 소실된 듯하다. 정유재란 때 지리
산 주변의 연곡사 · 쌍계사 · 칠불사 등이 모두 소실되
었다. 지금은 신라가 통일한 이후에 나타나는 전형적
인 양식인 삼층 쌍탑과 당간지주만 남아 있을 뿐이다.
더구나 본당 자리에는 민가가 들어서 있어 쓸쓸한 생
각을 더한다. 삼층 쌍탑은 보물로 지정되어 있는데,

단속사 삼층 쌍탑

단속사 당간지주

대체로 9세기경에 만들어진 것으로 추정한다.

　이 절의 유래에 관해서는 『삼국유사』「신충괘관
信忠掛冠」에 잘 나타나 있다. 그 내용을 간추리면 다
음과 같다. 신라 효성왕孝成王이 세자였을 때, 잣나무
아래서 신충과 바둑을 두며 잊지 않기로 언약을 했
는데, 즉위한 뒤 신충을 잊어버렸다. 신충이 원망하
는 노래를 지어 잣나무에 걸어 놓았더니 잣나무가
말라 버렸다. 왕이 신충을 불러 벼슬을 주자 잣나무
가 다시 살아났다. 신충은 벼슬을 버리고 벗과 함께
이곳으로 들어와 절을 세웠다. 임금의 진영眞影을 봉

제5장 지리산에 남아 있는 남명의 자취

안했다. 또 별기別記에는 경덕왕 때 이준李俊이라는 사람이 50세 때 이 절을 크게 수리하고 승려가 되었다고 기록되어 있다. 그러나 『삼국사기』에는 총신寵臣 이순李純이 홀연히 벼슬을 버리고 산에 들어가 승려가 된 뒤 이 절을 세웠다고 되어 있다.

어느 설이 옳은 것인지 지금 확인할 길이 없다. 다만 세속과의 단절을 뜻하는 점에서는 동일하다. 그래서 절의 이름을 단속사라고 한 듯하다. 이 절은 신라·고려 및 조선전기까지 지리산 동쪽의 주요 사찰이었다. 고려 무신시대에는 최우崔瑀의 서자였던 만종萬宗이 승려로 있으면서 이 절에 주석하여 착취를 하였고, 조선시대에는 사류士類의 시회詩會 및 공부하는 장소로 애용되었다. 휴정休靜 스님이 『삼가귀감三家龜鑑』을 이 절에서 간행하여 목판을 보관해 두었는데, 진주 유생 성여신成汝信 등이 유가儒家를 불가·도가보다 뒤에 두었다는 이유로 목판을 모두 불태웠다는 유명한 일화가 전한다.

이 절에는 신라시대 솔거率居가 그린 유마상維摩像이 있었다고 하는데, 세칭 신화神畵로 일컬어졌다. 솔거는 경주 황룡사의 노송도 및 분황사의 관음보살상을 그린 유명한 화가다. 또 이 절에는 신라 신행선사信行禪師(704~779)의 탑비塔碑가 있었다. 중국 불교에서 달마로부터 내려오는 오조五祖 홍인弘忍의 법이 육조六祖 혜능慧能에게 전해지자, 홍인의 수제자였던

남명과 지리산

신수神秀는 북종선北宗禪을 개창한다. 신라의 신행은 이 신수 계통의 선종을 배우고 귀국했는데, 그 문하에서 도헌道憲이 배출되었다. 도헌은 구산선문의 하나인 희양산파羲陽山派를 개창한 인물이다. 신행탑비는 김일손金馹孫(1464~1498)의 「두류기행록頭流紀行錄」에 따르면 당시에 단속사 북문을 지나 개울 덤불 속에 있었다고 한다. 또 이 절에는 고려의 명필名筆인 대감국사大鑑國師 탄연坦然(1070~1159)의 탑비塔碑가 있었다.

이 절의 구조를 비교적 소상하게 알려주는 자료가 김일손의 「두류기행록」이다. 그에 따르면 대략 다음과 같은 구조를 상상해 볼 수 있다.

'광제암문廣濟嵒門'을 지나 5리쯤 가면 장경판각藏經板閣이 있다. 그 담장을 지나 서쪽으로 1백 보쯤 가면 '지리산 단속사智異山斷俗寺'라는 현판이 붙은 일주문이 있고, 일주문 앞에 대감국사 탑비가 있다. 안으로 들어가면, 불전佛殿은 주춧돌과 기둥이 매우 질박하다. 벽에 신라 효성왕과 경덕왕의 영정이 걸려 있으며, 그 사실이 현판에 기록되어 있다. 행랑을 따라 돌아서 건물 아래로 내려가 50보쯤 가면 빼어나고 예스러운 누각이 있다. 그 누각 앞에 정당매政堂梅가 있다. 북문으로 나와 시내 하나를 건너면 덤불 속에 신행의 탑비가 있다. 북쪽 담장 안 정사精舍가 주지의 방이다. 주위에는 동백나무가 심어져 있다. 그

제5장 지리산에 남아 있는 남명의 자취

단속사 입구 '광제암문' 석각

동쪽에 허름한 집이 최치원이 거처했다는 치원당致
遠堂이다. 치원당 아래에 수놓은 천불상千佛像을 걸
어놓으려고 만든 5장丈 높이의 가설물이 있다. 승
려가 거처하지 않는 방이 수백 칸이나 된다. 동쪽 행랑
에는 석불石佛이 5백 구나 있는데, 모양이 각기 다르
다. 주지 방에는 고문서 및 비단에 쓴 글씨들이 많다.
　이 절에는 신라·고려 시대 유물들이 많았을 것
으로 추정되는데, 안타깝게도 지금은 그 흔적조차 찾
을 길이 없다. 이 절은 정유재란 때 불에 탄 뒤로 복
원이 되지 못한 채 지금에 이르렀다. 이 절은 유서 깊
은 절이기 때문에 국가와 종교재단에서 앞장 서 복
원을 도모해야 할 것이다.
　남명은 단속사를 여러 번 찾았을 것으로 추정된

남명과 지리산

다.「편년」에 1566년 구암龜巖 이정李楨(1512~1571)과
이 절에서 만나 강학했다는 기록이 있다. 그런데 문
인 매촌梅村 정복현鄭復顯(1521~1591)의 문집인『매촌
실기梅村實紀』에 의하면, 1565년 덕계 오건 등과 함께
남명을 모시고 지곡사智谷寺를 유람한 뒤, 다시 단속
사로 가서 경의敬義를 강론하였다고 하였다. 이를 보
면 1565년에도 남명은 이 절에 온 것을 알 수 있다.
　남명은 이 절에 있는 정당매를 시로 읊었다. 제목
이「단속사 정당매斷俗寺政堂梅」이다.

절도 중도 쇠잔하니 산도 옛 산이 아니로세,　　　　寺破僧羸山不古
전조의 임금 집안 단속을 잘하지 못하였네.　　　　前王自是未堪家
추울 때 피는 매화의 일을 조물주가 그르쳐서,　　化工正誤寒梅事
어제도 꽃을 피우고 오늘도 꽃을 피우누나.　　　昨日開花今日花

단속사 정당매

제5장 지리산에 남아 있는 남명의 자취

정당매는 고려 말 이 지역 출신 강회백姜淮伯(1357
~1402)이 이 절에서 공부를 할 적에 심은 것인데, 그
가 후에 정당문학正堂文學이라는 벼슬을 해서 붙여진
이름이다. 남명은 강회백이 고려조에도 벼슬하고 조
선조에도 벼슬한 것을, 그가 심은 매화를 빌어 넌지
시 비판한 것이다. 사실 이 정당매야 매년 꽃을 피우
니, 나무를 탓할 수는 없지만, 그 나무를 강회백이 심
었기 때문에 꼬집어 말한 것이다.

강회백이 심은 매화나무는 1백 년 뒤에 죽었다.
그의 증손 강용휴姜用休가 그 곁에 다시 심은 것이
지금까지 전해지는 정당매라고 한다. 이 사실은 김일
손金馹孫의 「정당매시문후正堂梅詩文後」에 소상히 실
려 있다.

지곡사智谷寺는 산청읍 웅석봉 밑에 있다. 「편년」
에는 1565년 덕계德溪 오건吳健, 매촌梅村 정복현鄭復
顯, 양성재養性齋 도희령都希齡(1539~1566) 등과 지곡사
에 만났다는 기록만 있다. 그런데 정복현의 『매촌실
기』에는 1564년 9월에도 도희령 등과 지곡사에서 남
명을 만나 며칠 유람하였다고 되어 있다. 또 「남명선
생연보」에는 1566년 정월 옥계玉溪 노진盧禛, 개암介
庵 강익姜翼, 덕계 오건, 동강東岡 김우옹金宇顒이 지
곡사에서 남명을 배알하였다고 되어 있다. 이를 종합
해 보면, 대체로 1564년부터 1566년 사이에 남명이

남명과 지리산

지곡사지

지곡사를 몇 차례 찾았던 것을 알 수 있다.

『덕계집』에 실린 「덕계선생연보」에는 1565년 9월 어느 날 지곡사에서 정복현·도희령과 남명을 만나기로 하였는데, 남명이 몸이 불편해 당일 오지 못한다는 편지를 보내왔다고 되어 있다. 며칠 뒤에 남명이 와서 모시고 며칠 동안 머물렀다고 하였다. 당시 덕계는 남명을 기다리는 마음이 간절하여 다음과 같은 시를 지었다.

멀리서 가인을 기다리니 한 해가 저무는 때,	遙待佳人歲暮時
도리어 차가운 비에 입으신 옷 젖지나 않을까.	却嫌寒雨濕荷衣
구름 속 돌길에 이끼 끼어 미끄러울 텐데,	雲深石逕苔痕滑
도천을 바라보며 대나무 사립문에 나와 있네.	還向桃川倚竹扉

제5장 지리산에 남아 있는 남명의 자취

현재의 지곡사

이 시의 제목은 「지곡사에서 남명선생을 기다리며[智谷寺留待南冥先生]」이다. 남명을 기다리는 덕계의 간절한 마음이 눈에 선히 보이는 듯하다. 남명은 1566년 정월 다시 제자들을 지곡사로 불러 강회講會를 마련하였는데, 유림이 운집하여 절에 수용할 수 없을 정도였다. 5일 동안 강학을 하다가 돌아갔다고 한다(「덕계선생연보」).

오대사五臺寺는 산청군 시천면 내공마을 뒷편 갈치재 너머에 있는데, 행정구역상으로는 하동군 옥종면 위태리에 속한다. 이 절은 1129년 진억津億에 의해, 수정사水精寺로 새롭게 복원되었다. 수정사라고 이름을 한 것은 무량수불 앞에 수정을 매달아 놓았기 때문이라고 한다. 이 절에는 고려시대에 큰 수정

남명과 지리산

이 있었다고 한다. 진억이 수정사를 복원한 뒤에 결사結社를 일으켜 대중이 3천 명에 달했다고 한다. 이 절은 조선 중기까지 지리산을 유람하는 주요 코스에 들어갈 정도로 유명한 사찰이었다. 김종직·남효온 등의 지리산유람록에 그 이름이 보인다.

지금 승용차로 오대사에 가려면 하동군 옥종면 월횡리를 통해 들어가던지, 하동군 횡천면을 경유해 들어가야 한다. 그런데 도보로 가면 산청군 시천면 내공마을에서 갈치재를 넘어가면 바로 오대사 근처에 당도한다. 즉 남명이 살던 덕산에서 쉽게 찾아갈 수 있는 곳이었다. 남명이 은거지를 물색하면서 '용유동龍游洞으로 들어간 것이 세 번'이라고 하였는데, 용유동이 하동군 청암면에 있는 곳이라면, 옥종면을 거쳐갔을 가능성이 높다. 그러면 오대사에 들렀을 확률이 높다. 또 덕산에 거주할 적에도 오대사를 다녀오는 것은 그렇게 힘든 일이 아니다. 그래서인지『남명집』에는 오대사와 관련된 시가 두 편 전한다. 하나는「제오대사題五臺寺」라는 시이고, 하나는「증오대승贈五臺僧」이란 시이다. 후자는 오대사의 승려가 찾아와 시를 지어 준 것이다.

이름자를 산기슭에 새기는 것 부끄러워했는데,　　名字曾羞題月脅
웃으면서 하찮은 솜씨로 선원에 이름을 남겼네.　　笑把蚊觜下禪宮
사람의 인연 예로부터 삼세에 걸쳐 쌓이는 것,　　人緣舊是三生累
한나절 만에 돌아오며 적송자赤松子에 비기네.　　半日歸來擬赤松

오대사지

이 시는 남명이 오대사에 들러 글을 지어준 것을 노래한 듯하다. 남명은 대장부의 성명은 청사에 남기든지, 민중의 입에 오르내리게 해야 한다는 생각을 가지고 있었다. 그런데 자신이 깊은 산 속의 절에 이름을 남기게 된 것에 대해 겸연쩍은 생각이 들었던 모양이다. 이 시는 판본에 따라 제목이 「제오대사주題五臺寺柱」라고도 되어 있다. 이를 보면, 남명이 오대사 주련柱聯으로 써 준 것인 듯하다.

지금 오대사 자리에는 절이 없다. 도가의 무술을 수련하는 사람들이 기거한다는 말을 전해 들었는데, 최근에 가 보니 사람이 거의 없었다. 절은 폐허가 되고 인적은 끊어졌다. 그리하여 그 수려한 경관은 황무지가 되어버렸다. 옛날 3천 대중이 결사를 하던 곳이라고는 전혀 믿겨지지 않을 산 속의 황폐한 땅이 되어 버렸다. 이 곳은 옥종면에서 '궁항'으로 가는 길을 따라 가다가 '백궁선원'이라는 표지가 붙은 곳에서 오른쪽으로 산비탈을 타고 올라가야 한다.

남명과 지리산

8. 삼신동三神洞 신응사神凝寺

　　삼신동은 하동군 화개면 범왕리 삼거리를 말한
다. 삼거리에서 왼쪽 칠불사 방향으로 갈라지는 길
가 왼쪽 바위에 '삼신동三神洞'이라는 글씨가 새겨져
있다. 삼신동이라는 이름이 어떻게 붙여진 것인지는
자세히 알 수 없다. 그러나 유몽인柳夢寅(1559~1623)의
「유두류산록遊頭流山錄」에 "동네 이름이 삼신동인데,
이는 이 고을에 영신사靈神寺·의신사義神寺·신응사
神凝寺(神興寺라고도 함)가 있기 때문이다"라고 한 것을
보면, 삼신동이라는 이름이 영신사·의신사·신응사
세 절이 있어서 만들어진 이름임을 알 수 있다.

　　신응사에서 대성리로 올라가면 의신 마을이 나오
는데, 이곳에 의신사가 있었다. 유몽인이 유람하다가
들렀던 곳이다. 또 의신마을에서 대성골로 오르면 그
계곡의 끝에 영신사가 있었다. 영신사 바로 위쪽이
영신봉으로 지리산 주능선에 속한다. 영신사가 있던
자리는 세석산장에서 주능선으로 올라 영신봉쪽으로
가지 않고 약간 왼쪽으로 접어들어 조금 내려가면
비탈진 골짜기가 나오는데, 그 길로 약 500미터쯤 내
려가면 영신사 터가 나온다. 이곳은 조선시대 유명했
던 곳이다. 세석산장이 없을 적에는 영신사가 그 역
할을 대신했을 것이다.

신웅사 전경

영신사·의신사·신응사는 모두 예전에 이름이 있던 사찰이다. 특히 가장 밑에 있는 신응사는 경관이 빼어나 산수를 즐기는 사람들이 많이 찾던 곳이며, 최치원 선생에 관련된 전설도 많이 전해지는 곳이다.

여기서 농암農巖 김창협金昌協(1663~1722)이 칠불사七佛寺를 유람하고 내려오다 삼신동을 지나면서 지은 시를 한 수 감상하기로 한다.

삼신동 시내 입구 붉은 글씨 찬란한데,　　三神溪口煥丹書
승려는 다리 남쪽에 남여를 대놓았네.　　僧在橋南已整輿
칠불사 종소리 꽃 너머로 멀어지는데,　　七佛鍾聲花外遠
상방에서 구름과 허공을 베고 묵었지.　　上方衾枕宿雲虛

이 시에서 말한 '붉은 글씨'가 바로 '삼신동'이라는 세 글자다. 지금은 지리산 주능선을 통해 종주를 하지만, 조선시대에는 세석에서 영신봉·칠선봉 쪽으로 통행이 불가능하였다. 그 봉우리를 경유했다는 기록이 하나도 없다. 반야봉이나 노고단 방향으로 가

남명과 지리산

려면 대성골로 내려갔다가, 다시 칠불사로 올라 토끼
봉으로 올랐던 듯하다.

　'삼신동'이라는 석각이 있는 삼거리에서 왼쪽으
로 오르면 칠불사로 가고, 시내를 건너 오른쪽으로
가면 신응사가 나온다. 지금은 다리가 놓여 있어 시
내가 보이지 않는데, 이 시내가 범왕골에서 내려오는
범왕천이다. 예전에는 이곳에 큰 나무를 걸쳐 다리로
삼아 통행을 하였다. 그래서 그 다리를 독목교獨木橋
라 하였다.

　신응사 터에는, 지금 초등학교가 들어서 있고, 그
앞에 도로가 나는 바람에 경관이 파괴되어 바위와
시내가 어우러진 아름다운 경관을 찾아볼 수 없다.
시내 한복판에 있는 바위에 새겨진 글자를 보면, 시
내의 바위들은 예
전 그대로인 것을
알 수 있으니, 그
나마 다행이다.

　그런데 요즘
사람들은 이곳이
신응사 자리인지,
시내의 바위에 글
자가 새겨져 있는
지, 역사가 있는
곳인지 아는 사람

신응사 앞 시내

제5장 지리산에 남아 있는 남명의 자취

이 거의 없다. 안내 표지판도 없을 뿐만 아니라, 책자에 그런 역사와 전설을 전하는 것도 거의 없다. 물론 나도 전통시대 인문학을 공부하는 사람으로서 책임을 통감하지만, 우리 시대에는 이런 데 관심을 갖는 이가 하나도 없다는 사실이 서글프다. 이것이 얼마나 소중한 문화유산인지를 아무도 모르기 때문이다. 이 문화유산이 없으면 우리는 역사가 없고, 문화가 없는 민족이 된다는 것을 모르고 있다. 역사가 없기 때문에 주변국의 역사왜곡에 당당히 대처할 자료가 없다. 그리고 역사와 문화가 없으면 오랑캐 취급을 받는다.

앞에서 언급했듯이, 남명은 28세 때 성우成遇와 천왕봉에 올랐다가 영신사를 거쳐 대성골로 내려와 신응사에 들렀다. 그리고 39세 때 하천서河天瑞 등과 함께 이 절에 와서 여름 한 철 독서를 하였다. 그리고 58세 때 여러 벗들과 유람하면서 이 절에서 묵었다.

『남명집』에 실린 신응사와 관련된 시는 모두 4수가 있는데, 그 중에서 2수는 「유두류록」에 들어 있다. 나머지 2수는 제목이 「독서신응사讀書神凝寺」·「차경유운제승축次景游韻題僧軸」이다. 이 중에 뒤의 시는 주세붕周世鵬(1495~1554)의 시에 차운하여 신응사 승려의 시축詩軸에 쓴 것이다. 주세붕의 생몰년도로 미루어 보아, 이 2편의 시는 남명의 나이 39세 때 신응사에서 독서할 적에 지은 것인 듯하다. 이 가운데

남명과 지리산

「독서신응사」를 한 수 감상해 보기로 한다.

아름다운 풀로 봄 산은 푸르름이 가득한데,　　　　瑤草春山綠萬圍
시내의 옥구슬 좋아 오래도록 앉아 있었네.　　　　爲憐溪玉坐來遲
세상을 살다보면 세루世累가 없을 수 없기에,　　　生世不能無世累
이 물과 구름 그들에게 돌려주고 돌아왔네.　　　　水雲還付水雲歸

　남명은 신응사에서 독서할 적에 한 점 티도 없는 시내의 하얀 물방울을 오래도록 바라보고 있었다. 그도 그처럼 살고 싶었으리라. 그러나 세상살이의 얽매임에 그 청정함을 자연에 그대로 두고 나올 수밖에 없는 심경을 노래하였다. 이런 점에 있어서 신응사는 남명에게 각별한 장소라 하겠다. 즉 강학처이자 수련장이었던 것이다. 그래서인지 남명은 「유두류록」에서 신응사 앞의 경관과 벗들과의 대화를 아래와 같이 상세하게 기록하고 있다.

　4월 20일. 신응사神凝寺로 들어갔다. 절은 쌍계사에서 10리쯤 되는 곳에 있었다. 그 사이에 허름한 주막이 두어 집 있었다. 절 문 앞 백보 쯤 되는 곳 칠불계곡七佛溪谷 가에 이르러, 말에서 내려 둘러앉았다. 시냇물이 세차게 흘러 안장을 풀고 모두 말 등에 올라타고서 냇물을 건넜다. 주지 옥륜玉崙과 지임持任 윤의允誼가 나와서 우리 일행을 맞이하였다.
　절에 도착하여 안으로 들어가지 않고 곧장 절 앞의 시냇가 반석으로 달려가 그 위에 벌여 앉았다. 유독 이인숙과 이강이를 바위 끝 가장 높은 곳에 앉히고는 "그대들은 비록 위급한 상황에 처하더라도 그 자리를

제5장 지리산에 남아 있는 남명의 자취

잃지 말게나. 만일 그대들이 시냇물에 빠지기라도 한다면 다시는 올라 올 수 없을 것일세"라고 말하니, 그들이 웃으면서 말하기를 "바라건대 이 자리를 뺏지나 말게"라고 하였다.

최근 내린 비에 불어난 시냇물이 돌에 부딪혀 솟구쳤다가 부서지니, 마치 만 섬 구슬을 다투어 내뿜는 듯하기도 하고, 번개가 번쩍이고 천둥이 으르렁거리는 듯하기도 하며, 희뿌옇게 가로지른 은하수에 별들이 떨어지는 듯하기도 하였다. 또한 손님을 맞아 잔치를 벌인 요지瑤池[1]에 비단 방석이 어지러이 널려 있는 듯하기도 하였다. 용과 뱀이 비늘을 숨긴 듯한 검푸른 못은 헤아릴 수 없이 깊었고, 소와 말의 모습을 한 우뚝 솟은 돌들이 셀 수 없이 널려 있었다. 구당협瞿塘峽[2]의 입구 정도라야 그 신출귀몰한 변화를 비유할 수 있을 것이다. 참으로 조화옹의 노련한 솜씨를 숨김없이 마음껏 발휘한 곳이었다.

우리는 눈을 휘둥그렇게 뜨고 넋을 잃고서 바라보았다. 시 한 구절을 읊조리고 싶었지만 마음대로 되질 않았다. 일제히 노래를 부르고 악기를 연주했으나, 기껏해야 큰 항아리 안에서 나나니벌이 앵앵거리는 정도여서, 제대로 알아들을 수 있는 소리가 되지 못하고 단지 물귀신의 놀림거리가 될 뿐이었다.

이 절의 승려가 소반에 술과 과일을 차려 가지고 와 우리를 위로하였다. 우리도 가지고 온 술과 과일을 내어 몇 잔씩 나누어 마셨다. 그리고 바위 위에서 춤을 추며 실컷 즐기다가 마쳤다. 내가 고심한 끝에 절구絶句 한 수를 읊었다.

1) 요지瑤池 : 신선이 사는 곳으로 옛날 주周나라 목천자穆天子가 이 곳에서 서왕모西王母를 만나 잔치를 벌였다고 한다.

2) 구당협瞿塘峽 : 중국 사천성四川省 동쪽 끝에 있는 양자강揚子江 3협峽의 하나로, 물살이 험하기로 이름난 곳이다.

3) 청제靑帝 : 다섯 천제天帝 중의 하나로, 동방에 자리 잡고서 봄을 관장하는 신이다.

물은 이기伊祈(봄의 신)의 구슬을 토해내고,　　　水吐伊祈璧
산은 청제靑帝[3]의 낯빛보다 푸르구나.　　　山濃靑帝顔

남명과 지리산

겸손도 과시함도 지나치지 않으니,　　　謙誇無已甚
여러 벗들과 함께 마주하고 바라보네.　　聊與對君看

　　저녁에 서쪽에 있는 승려의 방에서 묵었다. 밤에
누워서 조용히 글을 외웠다. 그리고 일행에게 경각시
키기를 "명산에 들어 온 자 치고 그 누군들 마음을 씻
지 않겠으며, 누군들 자신을 소인이라 하길 달가워하
겠는가. 그러나 군자는 군자가 되고 소인은 소인이 되
고 마니, 한번 햇빛을 쬐는 정도로는 아무런 도움이 되
지 않음을 여기서 알 수 있네"라고 하였다.

신응사 앞 시내 반석

제5장 지리산에 남아 있는 남명의 자취

이 대목은 남명의 「유두류록」 중에서 백미에 속하는 부분이다. 특히 마지막 구절은 퇴계가 칭찬을 아끼지 않은 대목으로, 구도자로서의 남명을 잘 드러내 준다.

함양의 선비로서 이조판서를 지낸 옥계玉溪 노진 盧禛(1518~1578)은 신응사에서 다음과 같이 노래했다.

풍광이 빼어나니 정신이 도리어 위축되고,	采勝神還倦
시를 읊조려도 시구가 제대로 되지를 않네.	吟詩句不成
험한 길을 뚫고 와 이끼 낀 길 다한 곳,	踏穿苔徑盡
발걸음 절문에 들어서자 절간이 청결하네.	行入梵宮淸
한 밤중 고요하여 여울물소리만 요란하고,	夜靜灘聲亂
마당은 텅 비어 탑 그림자만 비껴 있네.	庭虛塔影橫
둥근 부들 방석에 앉으니 잠이 절로 오고,	蒲團聊取睡
청신한 분위기에 속세의 마음 싹 씻은 듯.	蕭灑絕塵情

절로 청신함을 느끼게 하는 시다. 이런 시는 그야말로 성정지정性情之正에서 나온 것이다. 그래서 청신쇄락淸新灑落한 마음이 저절로 일어난다. 이 신응사는 가람 배치가 자연과 절묘한 조화를 이루어 매우 아름다웠던 듯하다. 이 절에는 홍류교紅流橋라는 다리를 통해 시냇가에 있었을 것으로 추정되는 능파각凌波閣으로 내려가게 되어 있었다. 송정松亭 하수일河受一(1553~1612)의 「신응사홍류교神凝寺紅流橋」라는 시에 다음과 같이 노래하였다.

다리 끊어진 와룡동은 동문이 깊숙하고,　　　斷橋龍臥洞門幽
아래에는 맑은 시내 초석을 감돌아 흐르네.　　下有淸溪繞礎流
누가 설계를 했는지 기이하고 교묘하네,　　　心匠何人奇又巧
다리 위에서 높은 누각으로 내려가게 하다니.　更敎橋上落高樓

　'홍류紅流'라는 말도 붉은 꽃잎이 시내에 떠 흘러 내려 간다는 뜻에서 붙여진 이름이다. 예컨대 해인사海印寺로 올라가는 계곡을 홍류동이라 한 것이 그 대표적인 예이다. 신응사의 홍류교도 꽃잎이 시내에 떠 가는 것을 볼 수 있는 다리다. 운취 있는 이름이다. 그리고 그 아래 시냇가에 있는 '능파각'은 '파도를 능멸하는 누각'이라는 뜻이다. 시내의 물결이 사나워도 아랑곳하지 않고 그 곁에 서 있는 누각이다. 역시 멋있는 이름이다. 능파각을 노래한 홍성민洪聖民(1536~1594)의 시를 감상해 본다.

　　냇가에 선 화려한 누각 물 속에 영롱한데,　　臨波畵閣倒玲瓏
　　난간에 기대서니 몸이 허공으로 떨어질 듯.　憑檻身疑便落空
　　속세의 갓끈 씻고자 하나 감히 못하는 것은,　欲濯塵纓還不敢
　　산신령의 엄한 소리 물 속에서 들리기 때문.　山靈威勒水聲中

　이 시를 보면 능파각의 모습이 어렴풋이 떠오른다. 바위 위에 단청칠을 한 화려한 누각이 물 속에 영롱하게 비치고 있다. 우뚝한 누각의 난간에 서면, 마치 몸이 허공에 떠 있는 듯하다. 지금은 시냇가 바위 위에 참으로 볼품없게 콘크리트벽을 쌓아 놓았다. 이

제5장 지리산에 남아 있는 남명의 자취

것이 개발을 한다는 명목으로 아무 생각이 없어 빼어난 자연경관을 망쳐 놓은 대표적 사례일 것이다. 산청군 시천면 덕산으로 들어가는 강가에 이상한 모텔을 세워 모든 경관을 다 망쳐놓은 것처럼.

신응사의 경관을 묘사한 다른 시 한 수를 더 보기로 한다.

절은 삼신동에 있는데 빼어난 경치를 겸하였고,　　　寺在三神勝槪兼
문은 푸른 봉우리에 있고 섬돌은 못가에 있네.　　　門當碧岫砌臨潭
옛 터를 모두들 가리키며 능파각이라 하고,　　　遺基共指凌波閣
흐르는 물에 세이암이 있다고 서로 전하네.　　　流水相傳洗耳巖
그림 그린 벽은 종횡으로 용과 호랑이 모양,　　　畫壁縱橫龍虎狀
층층의 누대는 학과 난새로 참마를 한 듯.　　　層臺容與鶴鸞驂
바쁜 나그네 길 서둘러 돌아가길 재촉하니,　　　恩恩客路催歸去
절에 남아 예불하는 것 보지 못해 한스럽네.　　　恨未留看禮釋曇

이는 백헌白軒 이경석李景奭(1595~1671)의 「신흥사新興寺」라는 시다. 백헌이 신응사를 찾았을 적에 능파각은 소실되거나 훼철되었었나 보다. 절의 벽에 화려한 그림이 그려져 있고, 누대樓臺가 층층으로 나 있어 법당 좌우에 학의 날개처럼 펼쳐져 있었던 듯하다.

신응사는 고운孤雲 최치원崔致遠(857~915)이 만년에 은거한 곳이다. 시내 한 가운데 있는 바위에 '세이암洗耳嵒'이라는 글씨가 새겨져 있는데, 누구의 글씨인지는 불분명하다. '세이洗耳'라는 말은 중국 고사

남명과 지리산

에서 유래한 것이다. 요堯임금이 허유許由에게 천하를 선양禪讓하려 하자, 허유가 기산箕山 밑으로 가 숨었고, 또 요임금이 그를 불러 구주九州의 장長을 삼으려 하자 영수潁水 가에서 귀를 씻었다고 한다. 여기서 유래하여 현실정치권에 나가지 않고 자연에 은거하는 사람들을 상징하는 말로 쓰인다.

이런 점으로 미루어 보아, 신응사 앞 시내의 '세이암'은 고운 최치원에서 유래한 것임을 알 수 있다. 유몽인의 「유두류산록遊頭流山錄」에 "비결서에 '근년에 최고운崔孤雲이 푸른 당나귀를 타고 독목교獨木橋를 지나는데 나는 듯하였다. 강씨姜氏 집의 젊은이가 고삐를 잡고 만류하였지만, 채찍을 휘둘러 돌아보지도 않고 가 버렸다'고 하였다. 또 '고운은 죽지 않고 지금도 청학동에서 노닐고 있다. 청학동의 승려가 하루에 세 번이나 고운을 보았다'라고 하였다. 이런 이야기는 믿을 수 없다. 그러나 가령 이 세상에 참다운 신선이 있다면, 고운이 신선이 되지 않았다고 어찌 장담할 수 있겠는가? 고운이 과연 신선이 되었다면 이곳을 버리고 어느 곳에서 노닐겠는가?"라고 하였다. 신응사는 쌍계사에서 멀지 않은 곳에 있다. 쌍계사에는 최고운의 자취가 여러 곳에 남아 있다. 특히 진감선사眞鑑禪師와는 정신적으로 깊은 교유가 있었다.

그런데 오숙吳䎘(1592~1634)이 지은 「신흥사 태능 노선에게 보임[神興寺 示太能老禪]」이라는 시를 보면,

제5장 지리산에 남아 있는 남명의 자취

"진감선사가 의발을 전한 이 곳, 고운 선생 떠난 지 몇 해이던가[眞鑑傳衣地 孤雲去幾春]"라는 시구가 있다. 즉 신응사도 진감선사·최고운과 밀접한 관련이 있음을 알 수 있다.

이런 여러 가지 정황으로 미루어 보아, 신응사 앞의 '세이암'은 '최고운이 귀를 씻은 곳'으로 보아도 무방할 것이다. '세이암'이라는 세 글자에 대해, 유몽인은 누구의 글씨인지 모르겠다고 했다. 그러나 김낙행金樂行(1708~1766)은 「세이암洗耳巖」이라는 시의 주에 "세이암은 신흥사 못 위에 있다. 바위 위에 세 글자가 새겨져 있는데, 고운孤雲의 필적이라고 한다[在神興潭上 巖面三字 孤雲筆云]"라고 하였다.

세이암을 노래한 시 한 수를 감상해 보기로 한다.

지는 해는 오솔길에 비스듬히 비추고,	落日照行巡
차가운 샘물소리 나뭇잎 사이서 들리네.	寒泉隔葉聞
가을 산은 모두 한 가지 색이니,	秋山共一色
어느 곳에서 고운을 찾는단 말인가.	何處覓孤雲

이 시는 이우李瑀(1542~1609)가 지은 「세이암洗耳巖」이다. 이우는 호가 고담孤潭으로, 율곡栗谷 이이李珥(1536~1584)의 동생이다. 시·서·화에 거문고까지 잘 타 사절四絕로 일컬어진 인물이다. 시인은 세이암에서 최고운을 찾고 있다.

이 시내에는 '세이암洗耳嵒'이라는 글씨 외에도 '회간석回澗石'·'탁영대濯纓臺' 등의 석각이 더 있다.

남명과 지리산

'세이암'은 시내 한 복판에
있는 넓직한 바위에 새겨져
있고, 또 건너편 우뚝한 절
벽의 바위에도 새겨져 있
다. '회간석'은 '세이암'이
새겨진 반석으로 건너가기
전의 약간 우뚝한 바위옆면
에 새겨져 있는데, 시내가
흘러내리다 그 바위에 걸려
돌아 흐른다는 뜻으로 붙여
진 이름이다. 즉 '시내를 돌
아가게 하는 바위'라는 뜻
이다. '탁영대'는 '물이 맑
아 갓끈을 씻는다'는 뜻으

신응사 앞 시내 반석 위의 '세이암' 석각

신응사 앞 시내 바위의 '회간석' 석각

신응사 앞 시내 바위의 '탁영대' 석각

제5장 지리산에 남아 있는 남명의 자취

로 붙여진 이름이다.

주변에는 남명이 그렇게도 싫어하던 사람들의 이름을 새긴 글자가 벽면이나 반석 위에 빼곡하다. 남명이 지금 보았다면, 또 크게 탄식했을 것이다.

9. 청학동靑鶴洞 쌍계사雙磎寺

요즘 사람들은 청학동靑鶴洞에 대해 참으로 제각각의 주장을 한다. 뚜렷한 근거도 없이 '모처가 청학동이다'라는 식의 주장을 거침없이 한다. 하기야 요즘 세상은 지식의 유무에 상관없이, 덕의 높고 낮음에 관계없이, 지위나 나이의 고하에 상관없이 모두 제멋대로 말을 하고 있는 세상이니, 누구를 탓할 것도 없다.

그러나 배우고[學] 생각한[思] 것 없이 함부로 말하면, 아무도 그의 말을 받아들이려 하지 않을 것이다. 또 배우고 생각한 것일지라도 자기가 살고 있는 '지금 여기서' 몸으로 실험해 체득한 것이 아니면, 함부로 말하기 두려운 것이다. 현대인들은 두려움을 모르기 때문에 함부로 말을 한다. 나는 자기 주장만을 강하게 말하는 사람을 싫어한다. 더구나 배우지도 않고, 생각하지도 않고, 체득하지도 않은 상태에서 마구 말하는 사람과는 한 자리에 앉고 싶지 않다.

남명과 지리산

청학동靑鶴洞은 어디일까?

예전 문헌자료를 찾아 나서기 전에 먼저 '청학동은 왜 생겼을까?'를 생각해 보자. 청학동은 청학靑鶴이 사는 마을이다. 청학이 사는 마을은 속세와 동떨어진 곳이다. 즉 청학동은 무릉도원武陵桃源과 마찬가지로 현실세계와 멀리 떨어진 이상의 세계이다. 이상향理想鄕은 현실세계가 고통스럽게 때문에 만들어진 것이다. 그곳은 현실의 고통과 번뇌가 없는 이상적인 세계다. 현실세계의 인간이라면 누구나 늘 꿈꾸는 세상이다. 그곳은 신선이 살고, 청학이 나는 때문지 않은 청정한 세상이다.

이런 관점에서 보면, 청학동은 현실세계에 없다. 현실은 늘 고통스럽기 때문이다. 그러면 지리산 청학동에 관한 최초의 기록인 고려 시대 쌍명재雙明齋 이인로李仁老(1152~1220)의 『파한집破閑集』에 실린 내용을 소개해 본다.

지리산은 '두류산頭留山'이라고도 한다. 원元나라 백두산에서부터 시작하여 꽃봉오리와 꽃받침 같은 산봉우리와 골짜기가 면면이 이어져 내려오다 대방군帶方郡(남원군)에 이르러서 수천 리에 서리어 맺히었다. 산을 에워싸고 거주하는 곳이 10여 고을이나 된다. 한 달이 넘게 걸려야 그 주위를 다 구경할 수 있다. 원로들이 전하는 말에 "이 산 안에 청학동이 있는데, 길이 매우 좁아 사람이 겨우 통행할 수 있다. 구부리고 엎드려 몇 리쯤 가면 넓게 트인 동네가 나타나는데, 사방이 모

제5장 지리산에 남아 있는 남명의 자취

두 좋은 농토다. 토질이 비옥하여 곡식을 심기에 알맞다. 청학만이 그 안에서 서식하기 때문에 청학동이라고 이름하였다. 대체로 옛날 세상을 피한 사람들이 살던 곳인데, 무너진 담장과 집터가 아직 가시덤불 속에 남아 있다"고 한다. 예전에 나는 집안의 형 최상국崔相國(崔讜)과 영원히 함께 속세를 떠날 뜻이 있어서, 이 동네를 찾기로 약속하였다. 가구를 대바구니에 담아 두세 마리 소에 싣고 들어가면 속세와 멀어질 것이라 생각하였다. 드디어 화엄사에서 출발하여 화개花開에 이르러 신흥사神興寺에서 묵었다. 지나는 곳마다 선경仙境 아닌 곳이 없었으며, 천만 바위와 골짜기가 다투듯 빼어나고 다투어 흘러내렸다. 대울타리 안의 초가집이 복사꽃·살구꽃에 보일 듯 말 듯 하니, 자못 인간 세상이 아니었다. 그러나 이른바 청학동은 끝내 찾을 수 없었다. 그래서 다음과 같은 시를 지어 바위에 새겼다.

두류산은 아득하고 저녁 구름 깔렸는데,	頭流山迥暮雲低
천만 봉우리와 골짜기 회계산會稽山 같네.	万壑千岩似會稽
지팡이 짚고 청학동을 찾으려 하는데,	策杖欲尋靑鶴洞
숲 속에서 원숭이 울음소리 부질없이 들리네.	隔林空聽白猿啼
누대에선 삼신산이 아득히 멀게만 보이고,	樓臺縹緲三山遠
이끼 낀 바위에는 네 글자가 희미하네.	苔蘚微茫四字題
묻노니 신선이 사는 곳 그 어디 멘가,	試問仙源何處是
떠오는 꽃잎이 나를 헤매게 하네.	落花流水使人迷

이 이야기는 이규경李圭景(1788~ ?)의 「청학동변증설靑鶴洞辨證說」에도 실려 있다. 즉 청학동에 대해 언급할 적에 가장 고전적인 자료인 셈이다. 이인로는 청학동을 찾지 못하고 돌아갔다. 그래서 청학동은 더

욱 신비로운 곳으로 인식되었을 것이다.

그런데 조선시대 남명은 「유두류록」에서 청학동
을 다음과 같이 지적해 말하였다.

　　서쪽으로 벼랑을 무너뜨리고 돌을 굴리며 백 리
밖에서 흘러오는 시내는 신응사神凝寺가 있는 의신동
擬神洞의 물줄기고, 동쪽으로 구름 속에서 새어 나와
산을 뚫고 까마득히 근원을 알 수 없는 곳에서 흘러오
는 시내는 불일암佛日庵이 있는 청학동靑鶴洞의 물줄기
이다. 절이 두 시내 사이에 있기 때문에 쌍계雙磎라고
부른다.

남명은 불일암 주위를 청학동이라고 분명히 언급
하고 있다. 또 그의 문집을 보면 「영청학동폭포詠靑
鶴洞瀑布」·「청학동靑鶴洞」이라는 제목으로 시 2수를
남기고 있다. 이를 보면, 불일폭포가 있는 곳을 청학
동이라 한 것을 알 수 있다. 그는 「청학동」이란 시에
서 다음과 같이 노래했다.

한 마리 학은 구름을 뚫고 하늘로 올라갔고,　　獨鶴穿雲歸上界
한 줄기 시내는 옥구슬 굴리며 속세로 흐르네.　　一溪流玉走人間
누가 없는 것이 도리어 누 되는 줄 알았으니,　　從知無累翻爲累
마음 속 산하는 보지 않았다고 말해야겠네.　　心地山河語不看

조선시대 문인들의 문집에 보면, 불일폭포 주위
를 청학동으로 알고 그곳을 찾아 읊은 시가 부지기
수로 전한다. 이를 보면, 이 고장 사람들에게는 불일

제5장 지리산에 남아 있는 남명의 자취

폭포 주위가 청학동이라는 인식이 폭넓게 그리고 오랫동안 전해진 것을 알 수 있다.

지금의 청학동은 쌍계사 뒤쪽 계곡을 올라 상불재(능선) 너머에 있는 삼신봉 남쪽 지역을 말한다. 세석에서 남쪽으로 뻗어내린 산줄기가 삼신봉이 되고, 삼신봉에서 다시 좌우로 줄기가 갈린다. 삼신봉에서 오른쪽으로 뻗은 줄기는 내삼신봉이 되었다가 쇠통바위·상불재·관음봉·내원재·시루봉이 되고, 다시 좌우로 줄기가 갈리는데 그 안에 악양면이 있다. 이 시루봉 남쪽 골짜기를 '청학골'이라 한다. 즉 청학동을 뜻하는 말이다.

그렇다면 조선시대 사람들이 청학동이라고 했던 곳은 상불재 서쪽 계곡의 불일폭포 주위이고, 지금의 청학동은 상불재 동쪽 삼신봉 아래 지역이다. 그리고 상불재에서 더 내려와 시루봉 남쪽 계곡 주위도 언제부터인지는 모르지만 청학동이라고 한 것을 알 수 있다.

청학동은 신선세계와 밀접한 관련이 있다. 그런데 우리나라에서 신선神仙을 언급할 적에는 고운孤雲 최치원崔致遠을 비조鼻祖로 삼는다. 쌍계사는 최치원과 불가분의 관계에 있다. 진감선사의 비를 손수 짓고 썼다. 최고운이 지은 「진감선사비」를 읽어보면, 진감선사와 최고운의 정신적 교유가 얼마나 깊었는지를 짐작할 수 있다. 또 쌍계사 입구에는 '쌍계석문

남명과 지리산

쌍계사 입구 '쌍계석문' 석각

雙磎石門'이라는 네 글자가 바위
에 크게 새겨져 있는데, 최고운
의 글씨라고 전한다.

쌍계사 입구 '쌍계석문' 석각

　　쌍계사에 남아 있는 이런 최
고운의 자취를 생각해 볼 때, 그 위에 신선세계인 청
학동이 있는 것은 아주 당연하다. 이런 점으로 미루
어 보면, 현재의 청학동이나 악양면의 청학동은 거리
가 멀다. 즉 역사가 없기 때문에 신빙성이 없다.

　　이렇게 볼 때, 쌍계사도 청학동에 속한 구역이 될
수 있다. 한 골짜기에 있기 때문이다. 따라서 쌍계사
는 청학동의 입구에 해당하는 곳이라 할 수 있다. 이
런 분위기를 느끼게 해주는 시를 한 편 소개한다.

불일봉에 올라 천 길 계곡 굽어보니,	佛日直俯千丈磎
서늘한 벼랑 험한 절벽에 겨우 길이 있네.	寒崖峭壁纔有路
세상 풍진 이르지 않고 운무만 자욱한 곳,	風塵不到烟霞老

제5장 지리산에 남아 있는 남명의 자취

골짜기는 푸르고 푸르며 돌 빛은 예스럽네. 洞府蒼蒼石色古
동쪽으로 향로봉과 폭포수를 바라보니, 東望香爐瀑布水
떨어지는 물방울 어지러이 뿌려 짙은 안개 낀 듯. 飛流亂灑深如霧
대낮에도 어두우니 문득 마음이 처량해지는데, 白日晦迷忽悽愴
높은 바람 솔솔 불어 떨어지는 물방울을 날리네. 天風颯颯吹飛雨
학사의 옛 자취는 이끼 속에 묻혀 있는데, 學士舊跡靑苔沒
참된 비결 전하지 않으니 마음만 괴롭구나. 眞訣不傳心獨苦
학은 떠나고 산은 텅 빈 채 세월만 깊어지니, 鶴去山空日月深
내 마음 아득히 현포玄圃를 생각케 하네. 使我杳然思玄圃

이는 미수眉叟 허목許穆(1595~1682)의 「경진년(1640) 9월 3일 화개동에서 들어와 쌍계석문을 보고 불일폭포에 올라 청학동을 굽어보며 폭포를 완상하다가 감회가 있어 지음[庚辰九月三日 從花開洞 觀雙磎石門 因登

불일폭포 앞 계곡

남명과 지리산

佛日 俯靑鶴洞 玩瀑布 感懷作]」이라는 제목의 시다. 현
포효圃는 중국 곤륜산 정상에 있다고 하는 전설상의
신선이 사는 곳이다. 이 시의 제목에 보이듯, 미수는
'불일폭포에서 쌍계사 뒤편 계곡에 있는 청학동을
바라보며' 시를 지었다.

이보다 앞서 삼당시인三唐詩人으로 유명한 손곡蓀
谷 이달李達(1539~1612)은 쌍계사를 찾아와 다음과 같
이 노래했다.

동네 안에는 쌍계사가 있고,	洞裏雙溪寺
두 줄기 시내는 석문을 마주했네.	雙溪對石門
절이 들어선 것 신라 시대이고,	山開赫居世
저 물은 무릉도원과 닿아 있네.	水接武陵源
청학이 튼 둥지 옛날과 다름없고,	靑鶴巢猶古
단사는 우물물과 아직 섞이지 않았네.	丹砂井未渾
고운의 비석 아직 그대로 남아 있어,	孤雲碑尙在
다 읽고 나니 한 차례 정신을 맑게 하네.	讀罷一銷魂

이 시도 쌍계사와 청학동이 한 구역임을 잘 보여
주고 있다.

예전 사람들이 쌍계사를 찾을 적에 주로 둘러본
곳이 쌍계석문·진감선사비·팔영루八詠樓 등이다.
그리고 쌍계사 뒤편의 숲 속으로 계곡을 따라 올라
청학동(불일폭포·불일암)에 이른다. 이곳을 유람하면서
남긴 시편은 이루 헤아릴 수 없을 정도로 많다.

여기서는 두세 편만 소개하기로 한다. 우선 역사

제5장 지리산에 남아 있는 남명의 자취

에 관심이 높았던 휴옹休翁 심광세沈光世(1577~1624)는 진감선사비를 보고 아래와 같이 노래했다.

이수螭首가 귀부龜趺를 누르고,	螭首壓龜趺
용과 뱀이 글자 글자를 감싸고 있네.	龍蛇字字紆
고운은 이름난 학사이고,	孤雲名學士
진감선사는 성스런 승려.	眞鑑聖浮屠
도덕이 당시엔 이들에게 의지했는데,	道德當時仗
문장이 후대에는 없어지고 말았구나.	文章後代無
어루만지며 한 차례 낭랑히 읊조리니,	摩挲一朗誦
가슴속이 밝고 신선해짐을 느끼네.	胸次覺昭蘇

쌍계사 진감선사비

'도덕이 당시에는 이들에게 의지했다'는 말이 푸른 눈을 가진 역사가답다. 심광세는 경상도 고성固城에서 유배생활을 하였고, 조선 후기에 가장 먼저 해동악부海東樂府를 지은 사람이다.

다음은 구한말의 유명한 문장가 창강滄江 김택영金澤榮(1850~1927)의 시를 한 수 감상하기로 한다.

남명과 지리산

남쪽 산이 이처럼 웅장하구나,	南岳雄如此
열두 고을에 연이어 있을 정도로.	株連十二州
놀라운 강은 천 계곡이 합한 것,	驚江千澗合
그늘진 동네는 사계절이 가을인 듯.	陰洞四時秋
절은 오래되어 그 위용 성대하고,	寺古威儀盛
비석은 낡았으니 사적은 그윽하기만.	碑殘事蹟幽
등 뒤로 청색의 학이 날아가,	背飛靑色鶴
그 때문에 내가 잠시 고개를 돌렸네.	爲我少回頭

　　구한말의 창강에게까지 청학은 쌍계사와 함께 등
장하고 있는 것을 보면, 이곳이 조선시대 청학동임을
분명히 알 수 있다.

천 년의 신라시대 고찰,	千載新羅寺
삼한의 방장산에 있네.	三韓方丈山
신선의 발자취 해외로 전해져,	仙蹤傳海外
기이한 일이 민간에 전파되었네.	異事播人間
적막한 가야산 굽이에는,	寂寞伽倻曲
황량한 학사대만 남았지,	荒涼學士壇
오직 여긴 청학만이 남아,	惟餘靑鶴在
날아갔다 혼자 다시 날아오네.	飛去獨飛還

　　이 시는 현곡玄谷 조위한趙緯韓(1567~1649)이 불일
폭포에서 지은 시이다.
　　예전에는 불일폭포에 오르려면 쌍계사 뒤쪽의 계
곡을 따라 올랐다. 지금은 그 길이 없어지고, 쌍계사
왼쪽 팔상전 옆으로 길이 나 있다. 쌍계사에서 불일
폭포까지는 약 2.4㎞쯤 되는데, 1시간 정도 소요된다.

제5장 지리산에 남아 있는 남명의 자취

불일폭포 전경

요즘의 등산로를 따라 오르다 보면, 길가에 새가 날기 위해 비상하는 듯한 모양의 바위가 있는데, 이름이 환학대喚鶴臺다. '최고운이 청학을 부른 곳'이라는 뜻으로 붙여진 이름이다. 바위 옆면에 '환학대喚鶴臺'란 글씨가 있다.

불일폭포로 내려가기 직전의 왼쪽 언덕이 불일암이 있던 자리이다. 최근에 불일암을 새로 지었다. 이곳에서 보면 좌우의 청학봉과 백학봉이 한 눈에 들어오며, 쌍계사에서 올라오는 계곡이 절벽 아래로 환히 보인다.

환학대

남명과 지리산

불일암

10. 도탄陶灘 · 삽암鍤巖

'화개장터'라는 노래에도 나오듯이, 화개는 섬진 강 가에 있는 전라도와 경상도가 만나는 곳이다. 또 쌍계사·신응사로 들어가는 입구에 해당된다. 이 화 개에서 하동 방면으로 조금 내려온 곳의 여울 이름 이 도탄陶灘이다. 그곳에서 하동 방면으로 조금 더 내려오면 덕은리德隱里가 나오는데, 요즘은 '숭덕마 을'이라는 표지석이 있다.

이 마을이 바로 일두一蠹 정여창鄭汝昌(1450~1504) 이 들어와 살며 독서하던 곳이다. 덕은리는 '덕이 있는 분이 은거하던 곳'이라는 뜻으로 붙여진 이름이고, '숭덕마을'은 일두가 공부하던 터에 후인들이 '악양정岳陽亭'을 짓고 그 뒤에 '숭덕사崇德祠'라는 사당을 지어 일두에게 제사하기 때문에 붙여진 이름이다. 지금도 이 고장 사람들은 일두에게 제향祭享을 하고 있다.

일두는 김종직金宗直의 문인으로, 김굉필金宏弼(1454~1504)과 함께 우리나라에 도학道學을 본격적으로 일으킨 분이다. 일두는 1490년 문과시험에 합격하여 안음현감 등을 지냈는데, 1498년 무오사화로 종성鍾城에 유배되었다가 1504년 갑자사화 때 화를 당했다.

남명은 1558년 벗들과 쌍계사 방면을 유람할 적에 배를 타고 섬진강을 거슬러 올라가다가 한유한韓

화개 악양정

남명과 지리산

악양정 숭덕사

惟漢의 유적지인 삽암鍤巖을 지나 도탄에 이르러 일
두를 회고했다. 그는 그 심경을 「유두류록」에 다음과
같이 기록해 놓았다.

> 도탄에서 1리쯤 떨어진 곳에 정선생鄭先生 ―여창汝
> 昌―이 살던 옛 집터가 남아 있다. 선생은 바로 천령天
> 嶺(함양) 출신의 유종儒宗(유학의 종장)이었다. 학문이 깊
> 고 독실하여, 우리나라 도학道學에 실마리를 열어 준
> 분이다. 처자식을 이끌고 산 속으로 들어갔다가, 뒤에
> 내한內翰(한림)을 거쳐 안음현감安陰縣監이 되었다. 뒤
> 에 교동주喬桐主(연산군)에게 죽임을 당했다. 이 곳은 삽
> 암에서 10리쯤 떨어진 곳이다. 밝은 철인哲人의 행幸・
> 불행不幸이 어찌 운명이 아니랴?

앞에서 살펴본 산수를 돌아보고 그 속에 깃든 고

제5장 지리산에 남아 있는 남명의 자취

인을 만나고 그가 살던 세상을 만나는 유람을 기록
한 것이다. 남명의 뒷시대 사인士人들도 이곳을 지나
면서 일두를 떠올렸다. 남명의 후손 조원순曺垣淳
(1850~1903)은 이곳을 지나면서 다음과 같이 노래했다.

바람 기운 남쪽에선 본래 절로 부드러워,	風氣南方本自柔
화개동 안에서는 시절을 알지 못하네.	花開洞裏不知秋
지금까지 띠처럼 흐르는 섬진강 물줄기,	至今一帶蟾湖水
길이길이 선생의 시구 속에서처럼 흐르길.	長在先生句裏流

대체로 이곳을 유람하며 일두를 생각하는 사람들
은 일두가 지리산을 유람하고 나오다 쓴 다음의 시
에 차운하는 경우가 많았다.

삽암 전경(비석 밑의 바위가 삽암)

남명과 지리산

바람결에 부들은 살랑살랑 부드럽게 흔들리고,　風蒲泛泛弄輕柔
사월의 화개 땅은 보리 이미 익은 시절일세.　四月花開麥已秋
두류산 천만 봉을 다 둘러보고 내려와서,　看盡頭流千萬疊
외로운 조각배 타고 또 큰 강을 내려가네.　孤舟又下大江流

　　화개면 덕은리에서 1㎞쯤 하동 방면으로 내려가
면 최근 인기를 끌고 있는 소설 속의 최참판댁으로
가는 갈림길이 나온다. 그 삼거리 조금 못미처 섬진
강 쪽 길가에 작은 비석이 보인다. 그 비석 아래는 강
과 맞닿은 절벽이다. 그 절벽 밑으로 내려가 보면, 큰
바위에 '모한대慕韓臺'라고 새긴 석각을 만날 수 있
다. '모한대'라는 말은 '한
유한韓惟漢을 사모하는 대'
라는 뜻이다. 이 바위가 바
로 삽암鍤巖이다. 배를 타
고 섬진강에서 보면, 이 바
위가 예전에는 삽을 꽂아
놓은 것처럼 보였던가 보
다. 지금은 도로를 내느라
윗부분이 깎이고 메워져
그 모습을 전혀 찾아볼 수
없다. 이곳은 행정구역상
으로는 하동군 악양면 평
사리에 속한다.
　　남명은 1558년 쌍계사

삽암 '모한대' 석각

제5장 지리산에 남아 있는 남명의 자취

방면을 유람할 적에 이곳을 지나는 소회를 그의 「유
두류록」에 다음과 같이 기록해 놓았다.

　　눈 깜짝할 사이에 악양현岳陽縣을 지났다. 강가에
삽암鍤岩이라는 곳이 있었는데, 바로 녹사錄事를 지낸
한유한韓惟漢의 옛집이 있던 곳이다. 한유한은 고려
사회가 어지러워질 것을 예견하고, 처자식을 이끌고
이 곳에 와서 은거한 인물이다. 조정에서 그를 불러
대비원大悲院 녹사로 삼았는데, 그 날 저녁에 달아나
간 곳이 묘연했다고 한다. 아! 나라가 망하려고 할 적
에 어찌 어진이를 좋아하는 일이 있을 수 있겠는가?
어진이를 좋아하는 것이 착한 사람을 표창하는 정도
에서 그친다면, 또한 섭자고葉子高가 용龍을 좋아한 것
만도 못한 일이니, 나라가 어지러워지고 망하려는 형
세에는 아무런 도움이 되지 않는다. 문득 술을 가져오
라고 하여 한 잔 가득 따라 놓고, 삽암을 위해 길이 탄
식하였다.

　　이에 대해서도 앞에서 언급하였기 때문에 군더더
기 말을 하지 않겠다. 대신 조선시대 문인·학자들이
이곳을 지나면서 어떤 생각을 하고 있었는지를 살펴
보기로 한다. 부사浮査 성여신成汝信의 아들 성순成錞
(1590~1659)은 이곳을 지나며 다음과 같이 노래했다.

옛날 어떤 분이 푸른 산 머리에 깃들어 살았지,	昔人棲息碧山頭
이 지역 그로 인해 넉넉한 은둔의 땅이 되었네.	此地因爲肥遯區
그 분의 한 시대 명성 북두성보다 높았고,	一代聲名高北斗
삼한의 이 명승은 남쪽 고을에서 으뜸이라네.	三韓形勝擅南州

남명과 지리산

쓸쓸한 가을 낙엽 그 분의 유허지에 흩날리고,　　　蕭蕭霜葉遺墟落
유유히 떠나는 한 척의 배는 포구에서 멀어지네.　　泛泛孤舟遠浦浮
높이 우러르고 배회하니 그리움 끝이 없는데,　　　景仰徘徊思不已
찬 하늘 기러기 울음소리에 갈대꽃 가을이구나.　　數聲寒雁荻花秋

　　예전 사람들의 시를 보면, 아름다운 경관을 지닌
땅이 아름다운 사람을 만나 명승이 된 것을 더욱 절
감하게 한다. 거듭 말하지만 그것이 역사이고, 그것
이 문화이다. 우리가 지금 할 일은 그런 역사를 국민
에게 알리고, 그런 문화가 없어지지 않고 보존될 수
있도록 하는 것이다.

삽암에서 바라본 화개방면 섬진강

제5장 지리산에 남아 있는 남명의 자취

최 석 기

1954년 강원도 원주 출생
성균관대학교 한문교육과 졸업
동 대학교 대학원 문학석사, 문학박사 학위 취득
민족문화추진회 연수부, 상임연구원 수료
민족문화추진회 전문위원 역임
현 경상대학교 인문대학 한문학과 교수

논저 및 역서

『星湖 李瀷의 學問精神과 詩經學』,『韓國經學家事典』,『中國經學家事典』
『나의 남명학 읽기』,『退溪學과 南冥學』,『儒敎經典과 經學』
『선인들의 지리산 유람록』,『朱子』.

남명과 지리산

1판 1쇄   2006년 12월 26일
1판 3쇄   2017년 5월 15일

지 은 이   최석기

발 행 인   한정희
발 행 처   경인문화사
총 괄 이 사   김환기
편   집   김지선 나지은 박수진 문성연 유지혜
마 케 팅   김선규 하재일 유인순
출 판 등 록   406-1973-000003호
주   소   10881 경기도 파주시 회동길 445-1 경인빌딩 B동 4층
전   화   031-955-9300   팩   스   031-955-9310
홈 페 이 지   www.kyunginp.co.kr
이 메 일   kyungin@kyunginp.co.kr

ISBN   978-89-499-0450-4   04810
값 9,000원